COMITÉ DE L'ENSEIGNEMENT SPÉCIAL AU NOTARIAT
Hôtel de l'Athénée, BORDEAUX

DES GARANTIES DE CAPACITÉ

EXIGÉES

EN BELGIQUE

POUR

L'ADMISSION AUX FONCTIONS NOTARIALES

ET DU MODE DE NOMINATION

Rapport présenté au Comité de l'Enseignement spécial au Notariat

Par M. H. CAMPANA

DOCTEUR EN DROIT, DIRECTEUR DE L'ÉCOLE DE NOTARIAT DE BORDEAUX

avec une préface de

M. Em. DUPOND

CONSEILLER A LA COUR D'APPEL DE BORDEAUX,

PRÉSIDENT DU COMITÉ DE L'ENSEIGNEMENT SPÉCIAL AU NOTARIAT

> « J'ai toujours déploré cette espèce de divorce que l'on remarque parfois entre la théorie et la pratique, et ces dédains réciproques qu'elles se témoignent si mal à propos de part et d'autre. Comme si la théorie, étrangère au progrès du temps et des mœurs, privée des enseignements de l'expérience, ne devait pas dégénérer bientôt en vaine spéculation ! Comme si la pratique, sans méthode et sans règles, n'était pas autre chose à son tour qu'une pitoyable et dangereuse routine ! Rien n'est donc plus nécessaire et plus désirable que leur alliance ».
> (DEMOLOMBE, *Préface du cours de Code civil*).

> « Il faut mettre le Gouvernement dans l'heureuse impuissance de céder aux sollicitations ».
> (LOURT, *Éléments de la Science notariale*).

BORDEAUX

IMPRIMERIE Vᵉ CADORET

17 — rue Montméjan — 17

1894

COMITÉ DE L'ENSEIGNEMENT SPÉCIAL AU NOTARIAT
Hôtel de l'Athénée, BORDEAUX

DES GARANTIES DE CAPACITÉ

EXIGÉES

EN BELGIQUE

POUR

L'ADMISSION AUX FONCTIONS NOTARIALES

ET DU MODE DE NOMINATION

Rapport présenté au Comité de l'Enseignement spécial au Notariat

Par M. H. CAMPANA

DOCTEUR EN DROIT, DIRECTEUR DE L'ÉCOLE DE NOTARIAT DE BORDEAUX

avec une préface de

M. Em. DUPOND

CONSEILLER A LA COUR D'APPEL DE BORDEAUX,
PRÉSIDENT DU COMITÉ DE L'ENSEIGNEMENT SPÉCIAL AU NOTARIAT

« J'ai toujours déploré cette espèce de divorce que l'on remarque parfois entre la théorie et la pratique, et ces dédains réciproques qu'elles se témoignent si mal à propos de part et d'autre. Comme si la théorie, étrangère au progrès du temps et des mœurs, privée des enseignements de l'expérience, ne devait pas dégénérer bientôt en vaine spéculation ! Comme si la pratique, sans méthode et sans règles, n'était pas autre chose à son tour qu'une pitoyable et dangereuse routine ! Rien n'est donc plus nécessaire et plus désirable que leur alliance ».
(DEMOLOMBE, *Préface du cours de Code civil*).

« Il faut mettre le Gouvernement dans l'heureuse impuissance de céder aux sollicitations».
(LORET, *Éléments de la Science notariale*).

BORDEAUX
IMPRIMERIE Ve CADORET
17 — rue Montméjan — 17

1894

PRÉFACE

Les législateurs français de ventôse an XI avaient les premiers en Europe pensé à créer l'enseignement spécial au Notariat.

Or, depuis un demi-siècle, toutes les nations ont successivement organisé cet enseignement, et la France seule aujourd'hui en est dépourvue.

Cette question d'enseignement notarial a pourtant plusieurs fois été posée en France dans le cours de ce siècle ; mais on doit reconnaître que, jusqu'à ces derniers temps, elle n'avait fait que provoquer l'attention du public, sans parvenir à la fixer.

Désireux de retenir enfin cette attention, un groupe de notaires et de magistrats, préoccupés depuis longtemps de ce sujet et pénétrés de son importance, ont jeté à Bordeaux les bases du *Comité de l'enseignement spécial au notariat.*

Les fondateurs de ce Comité ne se sont point dissimulé les difficultés de leur tâche. Les eussent-ils ignorées, qu'ils n'auraient pas tardé longtemps à les connaître. De toutes parts en effet des avis empressés les leur signalèrent dès les premiers jours.

Les plus bienveillants leur prédisaient l'indifférence générale.

De fait, le Notariat, qui vit surtout de traditions et est peu porté vers les nouveautés, fut au début un peu hésitant.

Mais l'idée dont le *Comité de l'enseignement spécial au notariat* poursuivait la réalisation était tellement juste, si peu critiquable, elle apparaissait si bien comme devant être féconde en bienfaits que quelques notaires en virent de suite toute la portée. Ils comprirent que c'était la question notariale par excellence, et qu'en face des attaques injustes et passionnées dont il était l'objet, le Notariat n'avait qu'à entrer résolument dans cette voie; ils comprirent que c'était là la voie de son avenir et de son salut.

Des notaires restés, heureusement pour eux, dans une situation considérable, pensèrent qu'ils ne devaient pas se désintéresser des destinées du Notariat français, qu'ils ne devaient pas se laisser aller aux conseils du proverbe « Chacun pour soi et Dieu pour tous », que lorsqu'une pareille maxime prévaut dans une corporation, Dieu, qui n'exauce que les sentiments généreux, retire son appui et n'est plus pour personne.

Aussi le Comité vit bientôt grossir ses rangs de présidents, d'anciens présidents et de membres de Chambres de discipline. Bientôt il vit venir à lui de nombreux notaires lui apportant individuellement le plus sincère de tous les concours, leur concours pécuniaire. Encore aujourd'hui, des membres du Comité lui écrivent pour doubler, tripler, quadrupler leur cotisation et se déclarent disposés à l'augmenter davantage, si cela est nécessaire.

Les Compagnies elles-mêmes ne sont point restées indifférentes à cette question. Certaines ont tenu à l'étudier attentivement et ont chargé leur Chambre de discipline de rédiger et de leur soumettre un rapport sur l'organisation de l'enseignement notarial.

Beaucoup d'autres ont promis d'en délibérer dans leurs prochaines Assemblées générales.

D'autres enfin n'ont pas voulu différer de faire connaître au Comité leur sympathie et lui ont fait parvenir sans retard leur adhésion motivée.

C'est ainsi que le Comité a déjà reçu les adhésions des Compagnies de notaires de Niort, de Nancy, de Poitiers, de Tournon, de Fontenay-le-Comte, de La Rochelle, de Vouziers, de Besançon, d'Angoulême, de Nîmes, de Reims, de Rouen, de La Réole, de Périgueux, de Barbezieux, d'Orthez, de Saintes, de Bordeaux, de Bayonne, de Louhans, d'Agen, de Civray, de Pontoise, de Villeneuve-sur-Lot et du Comité des notaires du ressort de la Cour d'appel de Rennes qui comprend 16 Compagnies.

Dans sa délibération, le Comité régional de Rennes invitait le *Comité des notaires des départements* à étudier, de concert avec le *Comité de l'enseignement spécial au notariat*, les moyens les plus propres à organiser sur de larges et solides bases l'enseignement notarial.

Cette invitation n'a pas tardé à être suivie d'effets. Déjà plusieurs membres du *Comité des notaires des départements* avaient envoyé au *Comité de l'enseignement spécial au notariat* leur adhésion chaleureuse.

Mais voici que dans l'une de ses dernières Assemblées générales le *Comité des notaires des départements*, lui-même, s'est occupé de cette question : deux de ses membres les plus distingués, MM. Hedelin, notaire à Angers et Duplessix, notaire à Rennes, ont présenté officiellement à cette Assemblée générale un intéressant rapport, à la suite duquel a été émis sur le principe de l'organisation de l'enseignement notarial un vote favorable.

Le lendemain, le *Comité des notaires des départements*, voulant témoigner de son intérêt pour l'œuvre du *Comité de l'enseignement spécial au notariat* et l'encourager dans ses efforts, lui envoyait une généreuse subvention.

Enfin la *Chambre des notaires de Paris* commençait à son tour à s'émouvoir de cette question et donnait à l'enseignement notarial des preuves non équivoques de sa sympathie.

Pendant ce temps des publicistes autorisés et toutes les *Revues notariales* proclamaient à l'envi l'opportunité de l'organisation en France d'un enseignement approprié aux besoins du notariat.

On nous avait prédit l'indifférence ; ce n'est point ce qu'il faut aujourd'hui redouter. La crainte est plutôt dans l'empressement peut-être excessif avec lequel on paraît vouloir suivre l'impulsion donnée par le Comité.

Depuis sa création, ont été fondées deux Écoles de notariat : l'une à Rennes, l'autre à Rouen.

Et de divers côtés on projette la création d'écoles nouvelles.

Peut-être, au lieu de procéder à ces fondations diverses, vaudrait-il mieux attendre que l'étude de la question de l'enseignement spécial au notariat fût complètement achevée. On pourrait examiner alors s'il ne serait pas meilleur que le Notariat français tout entier commençât par créer dans le centre de la France une grande École à titre de modèle, une sorte d'Institut notarial, gardien et défenseur des intérêts et de l'honneur de la corporation.

Quoi qu'il en soit, le Notariat français a compris toute l'importance de cette question, il s'en occupe et la médite.

Les Chefs de Cour d'appel, Premiers Présidents et Procureurs généraux, qui par leurs hautes fonctions peuvent, mieux que tous autres, apprécier les avantages qu'offre une solide instruction professionnelle chez les notaires, au point de vue de la sécurité des intérêts privés, ne pouvaient rester indifférents à ce mouvement destiné à favoriser la bonne administration de la justice.

Aussi le *Comité de l'enseignement spécial au notariat* recevait-il, dès sa formation, les encouragements les plus précieux.

Ce n'est point sans quelque hésitation que ses fondateurs s'étaient mis à l'œuvre. Mais cette hésitation devait bientôt céder aux chaudes et pressantes exhortations de M. le Premier Président de la Cour d'appel de Bordeaux.

MM. les Premiers Présidents de Rouen et de Rennes tenaient à leur tour à donner à cette cause un témoignage de haute sympathie en présidant l'un la séance d'inauguration, et l'autre la première distribution des récompenses des Écoles de notariat fondées au siège de leur Cour.

D'autres Chefs de cour applaudissaient aussi aux efforts du Comité. Parmi eux, nous citerons au premier rang MM. les Premiers Présidents des Cours d'appel de Paris et de Poitiers, M. le Procureur général Alphandéry, appelé depuis à la Cour de cassation, et M. le Procureur général Lefranc qui, dans un remarquable discours prononcé le 17 octobre 1892 à l'audience solennelle de rentrée de la Cour d'appel de Limoges, proclamait l'urgence de l'organisation d'un enseignement spécial au notariat.

Il donnait en cette circonstance au Notariat des preuves si manifestes de sa bienveillance et de sa sympathie que, transféré du siège de Limoges au siège de Procureur général près la cour d'appel de Bordeaux, il méritait d'entendre M. le Premier Président de cette dernière cour lui adresser, le 4 avril 1894, dans la séance solennelle de son installation, les paroles suivantes : « Vous avez témoigné hautement votre estime à cette patriarcale institution trop attaquée..., en un discours qui se recommandera à l'attention du législateur ».

Faisant ensuite allusion aux liens qui déjà rattachaient à notre cité le nouveau Procureur général, M. le Premier Président de la Cour de Bordeaux ajoutait : « En encourageant le *Comité de l'enseignement spécial au notariat* dans un autre ressort, pendant que nous le soutenions dans celui-ci, vous nous avez donné délicatement un gage sensible de votre fidélité au pays natal ».

Fort de ces appuis, le *Comité de l'enseignement spécial au notariat* poursuit son œuvre avec la patiente persévérance que lui donne la conscience de l'utilité de sa tâche.

Comité d'études et de propagande, il s'est proposé d'étudier et de faire étudier toutes les questions relatives à l'enseignement notarial.

Il a commencé par publier un premier mémoire dans lequel était exposé un *plan d'organisation d'un enseignement spécial au notariat*. Ce plan a été soumis à ses méditations et à celles des Compagnies de notaires.

Il a fondé ensuite un *Bulletin mensuel* dans lequel est examinée, en ce moment, cette importante question : « *Comment peut être créé l'enseignement notarial français ?* »

Enfin, sachant qu'en Belgique une loi récente venait d'organiser sur des bases nouvelles l'enseignement spécial au notariat, et sentant qu'une expérience intéressante se poursuivait dans ce pays, il a chargé l'un de ses membres, M. Campana, directeur de l'Ecole de Notariat de Bordeaux, d'aller étudier sur place l'organisation et le fonctionnement de cet enseignement dans les quatre Universités de Gand, Liège, Bruxelles et Louvain.

C'est le résultat de son étude que M. Campana a consigné dans la présente monographie.

Œuvre d'un professeur qui dirige avec autorité l'Ecole de Notariat de Bordeaux, elle porte à chaque page l'empreinte des qualités qui distinguent

son enseignement. Avec une grande netteté, beaucoup de précision, d'une plume facile, élégante
et sobre, M. Campana trace en quelques pages le
tableau fidèle de l'enseignement du Notariat en
Belgique. A ne regarder que le titre, on peut craindre d'être en face d'un sujet aride ; pour peu qu'on
ouvre le livre, on le trouve attrayant et la lecture
se poursuit jusqu'au bout sans effort.

L'ouvrage est un traité complet de la matière,
traité approfondi et fortement documenté. Nous
l'avons qualifié de monographie. Dans notre pensée, c'est un éloge. L'auteur a le mérite rare de se
renfermer absolument dans son sujet. A aucun
moment et quelles que puissent être les tentations,
il ne se laisse aller à en sortir. Il s'est proposé
d'étudier le système de l'enseignement du Notariat en Belgique et il nous le fait comprendre
comme si nous le voyions fonctionner sous nos
yeux. On croirait entendre un Belge, ne songeant
qu'à la Belgique.

Mais c'est là l'effet d'une méthode sévère que
s'impose un esprit scientifique, uniquement sou-
cieux de la vérité dans le sujet étudié.

Au fond, M. Campana pense surtout à la France.
Il ne parle que de la Belgique, parce que c'est le
système belge qu'il étudie, et cela sans parti pris,
sans dessein préconçu de le conseiller à son pays ;
mais c'est bien à la France qu'il en parle, pour
la France qu'il écrit.

C'est au nom du *Comité de l'enseignement spécial au notariat* qu'il est allé en Belgique recueillir les matériaux et les documents : c'est à ce

Comité qu'il présente son travail, afin qu'il le discute et puisse profiter des lumières qui en jaillissent.

Le *Comité de l'enseignement spécial au notariat* considère comme un devoir d'exprimer sa reconnaissance à tous ceux qui ont facilité à M. Campana l'accomplissement de la mission qui lui avait été confiée. Il remercie en particulier l'éminent recteur de l'Université de Liège, M. Galopin, professeur de droit notarial; M. Van Wetter, doyen de la Faculté de droit de Gand; MM. d'Hondt et Seresia, professeurs à la même Faculté; M. Baudour, conseiller à la Cour d'appel de Bruxelles, professeur à l'Université de Bruxelles; MM. Van Biervliet et Adolphe Maton, professeurs à l'Université de Louvain et enfin MM. Rémy, notaire à Liège et Bauwens van Hoogten, notaire à Bruxelles, du chaleureux et cordial empressement avec lequel ils ont fourni les renseignements et documents qui ont servi à écrire le présent rapport.

Le Comité n'a point été surpris de cet accueil : il savait, en effet, qu'en Belgique on suit avec attention le mouvement qui tend à l'organisation en France d'un enseignement spécial au notariat. Sa reconnaissance n'en est pas moins vive à l'égard de tous ces hommes de science et de cœur qui auront ainsi coopéré à l'œuvre qu'il poursuit et dont le dévouement à la cause de l'instruction publique mérite d'être grandement honoré.

Nous sommes heureux de féliciter, au nom du Comité, M. Campana d'avoir provoqué ces sympathies réciproques et si bien rempli la mission qu'il avait acceptée. L'œuvre à laquelle il consacre son dévouement et son talent ne tardera pas à être couronnée de succès. Voici bientôt venir le jour où tous reconnaîtront que, malgré la valeur incontestable que donne au Notariat français le stage scrupuleusement maintenu conforme à la loi et aux saines traditions, la France ne peut cependant rester plus longtemps seule de toutes les nations de l'Europe dépourvue d'un enseignement notarial. Voici venir le jour où, les écailles tombant enfin des yeux, va apparaître l'évidente nécessité de procéder à la création de cet enseignement. Cet heureux résultat sera dû à ceux qui, dès les débuts, ont travaillé à fonder le *Comité de l'enseignement spécial au Notariat,* à ceux qui n'ont cessé de l'encourager, et de le soutenir. Il sera dû à tous ces titres, pour une grosse part, à M. Campana et à l'excellent ouvrage qu'il présente aujourd'hui au Comité et au Notariat.

Em. DUPOND

Conseiller à la Cour d'appel de Bordeaux,
Président du Comité de l'enseignement
spécial au Notariat.

PLAN

PRÉLIMINAIRE HISTORIQUE

PREMIÈRE PÉRIODE

De la loi du 25 ventôse an XI à 1836, époque de la création d'un enseignement notarial dans les Universités libres.

Lorsque fut promulguée la loi du 25 ventôse an XI, qui est considérée à juste titre comme la CHARTE DU NOTARIAT, la Belgique faisait partie de la France.

Par cette loi fut organisé sur ses bases modernes le notariat belge en même temps que le notariat français.

On sait à quelle hauteur les législateurs de ventôse plaçaient la profession notariale :

« *Le notaire*, disaient-ils, *est le confident des pensées de ses concitoyens; il est le régulateur des engagements qu'ils veulent contracter; il donne par son caractère la sanction pratique à toutes les lois; il remplit une magistrature qui se présente à notre idée comme la clef de l'édifice social* ».

Aussi entendaient-ils entourer des plus sages précautions l'admission à des fonctions si importantes et si honorables : à une moralité scrupuleuse ils voulaient que le récipiendaire joignît une capacité reconnue.

Science du droit, expérience des affaires, tels étaient, à leur avis, les deux éléments constitutifs de la capacité notariale.

Pour assurer cette capacité, deux conditions avaient été jugées par eux indispensables : d'une part des études juridiques approfondies, d'autre part un stage long, effectif et non interrompu.

Malheureusement à cette époque l'enseignement supérieur était désorganisé : il ne fut pas possible d'imposer des études juridiques aux aspirants au notariat ; mais cette lacune involontaire fut signalée avec soin par les auteurs de la loi de ventôse à l'attention des législateurs de l'avenir.

Quant au stage, il fut l'objet d'une réglementation rigoureuse. Et les Chambres de discipline, par un privilège spécial, furent chargées de constater elles-mêmes les connaissances pratiques des candidats et de délivrer le certificat de capacité nécessaire pour entrer dans la corporation.

Dès la mise en vigueur de la loi de ventôse, les clercs s'adonnèrent consciencieusement aux pénibles travaux du stage.

Quiconque a passé par cette rude école n'en peut oublier toute l'austérité.

Le jeune clerc qui, sans instruction juridique, entre pour la première fois dans une étude de notaire doit se résoudre pendant de longs mois à copier des actes dont le style lui paraît bizarre et incompréhensible.

Que signifient ces formules qu'il transcrit machinalement ? Quelle est la portée de ces termes techniques dont il ne saisit pas le sens ? C'est sans ordre, sans méthode que les actes les plus dissemblables passent tour à tour sous ses yeux, provoquant chez lui tout d'abord de l'étonnement, puis de la fatigue, puis souvent enfin du dégoût.

S'il a de l'énergie cependant, il essaiera de se rendre

compte de son labeur, il fera des efforts pour travailler avec intelligence.

Il songera tout d'abord à demander des éclaircissements au notaire; mais celui-ci est occupé à recevoir ses clients : il n'est pas possible de s'entretenir avec lui.

Il s'adressera alors au principal clerc; mais le plus souvent il ne pourra en obtenir que de brèves explications : absorbé par le travail de l'étude, le principal clerc est, lui aussi, dans l'impossibilité de se faire le professeur des débutants.

Réduit à ses propres forces, c'est alors que le jeune stagiaire comprendra toute la justesse du proverbe arabe : « Ne t'attends qu'à toi seul ».

Il sera obligé d'étudier le droit lambeau par lambeau. A mesure qu'il copiera un acte il en apprendra les règles dans un formulaire. Mais que de choses lui paraîtront obscures! A quel labeur persévérant il devra s'adonner!

S'il est inférieur à sa tâche, il ne connaîtra jamais que la routine de son métier! S'il triomphe, à quel prix! Au bout de combien d'années lui sera-t-il permis de faire la synthèse de ses connaissances juridiques ?

Ces inconvénients du stage ne devaient pas tarder à éclater aux yeux de tous. Aussi reconnut-on bientôt que les législateurs de ventôse avaient vu juste, lorsqu'ils avaient considéré que le stage doit être accompagné d'études juridiques.

Mais comme les améliorations même les plus nécessaires, même les plus conformes à l'intérêt social, même les plus réclamées par le vœu public éprouvent toujours des difficultés à pénétrer dans le domaine législatif, ce fut l'initiative privée qui entreprit tout d'abord de combler la lacune de la loi de ventôse : des cours de notariat furent créés en octobre 1836 dans l'Université libre de Bruxelles et bientôt après dans celle de Louvain (1).

DEUXIÈME PÉRIODE

De 1836 à la loi du 15 juillet 1849.

Le stage ainsi éclairé et facilité par des études juridiques devint plus fructueux. Les meilleurs résultats étaient attendus de cette union de la théorie et de la pratique.

Malheureusement des considérations politiques allaient bientôt détruire cette harmonie.

Le droit de présentation qui en France avait été conféré aux notaires par la loi du 28 avril 1816 et qui avait eu pour effet de soustraire aux influences des partis les nominations notariales n'avait point été concédé aux notaires belges.

En Belgique, les nominations des notaires étaient restées directement aux mains du Gouvernement, conformément à la loi de ventôse, et le Gouvernement entendait user de cette prérogative avec la plus entière liberté.

---

(1) — A l'Université de Bruxelles, les cours de notariat ont été professés de 1836 à 1838 par M. Coppyn, notaire à Bruxelles, sénateur, et de 1838 à 1853 par M. David Picard.

En 1853, M. Picard eut pour successeur M. Bastiné.

Ces cours sont actuellement donnés par M. Baudour, conseiller à la cour d'appel de Bruxelles, et par M. Behaeghel.

— C'est le 22 avril 1838 que la chaire de notariat de l'Université de Louvain fut confiée au célèbre Rutgeerts. Rutgeerts l'occupa jusqu'à sa mort survenue le 12 juillet 1877.

Il a eu pour successeurs M. Albert Nyssens, puis M. Adolphe Maton.

Considérant comme gênante l'obligation de prendre l'avis des Chambres de discipline, le Ministre de la justice émit bientôt la prétention de se dispenser de les consulter sur l'aptitude et la moralité des candidats.

Tandis qu'en France le Gouvernement tendait à assurer au notariat son indépendance et son autonomie, tandis que par l'ordonnance du 4 janvier 1843 il renforçait le pouvoir disciplinaire des Chambres et donnait ainsi à l'institution une recrudescence de vigueur et de vie, en Belgique il cherchait au contraire à restreindre l'autorité des Chambres et à amoindrir leur prestige.

Aussi un grave conflit ne tarda-t-il pas à éclater entre la Chambre des notaires de Bruxelles et M. d'Anethan, ministre de la justice.

En 1847, le bruit ayant couru que le ministre allait nommer deux notaires à Bruxelles sans l'avis préalable de la Chambre, celle-ci revendiqua ses droits et ses prérogatives.

N'ayant pas obtenu satisfaction, elle adressa à M. d'Anethan une protestation ainsi conçue : « Les prescriptions » de la loi, relativement à l'obligation pour la Chambre » de discipline de se prononcer, immédiatement avant » la nomination, sur la moralité et la capacité de l'aspi- » rant qui devra exercer dans son ressort, paraissant » toujours méconnues par vous, M. le Ministre, la Cham- » bre croirait manquer à tous ses devoirs, si elle ne s'em- » pressait de déclarer que toute nomination, qui ne serait » point précédée de l'instruction voulue, n'aurait à ses » yeux aucun caractère de légalité. »

Le conflit tournait à l'état aigu.

Le 8 juillet 1847 deux notaires furent nommés sans que la Chambre eût été consultée. Celle-ci intenta aux nouveaux notaires une action civile pour s'être immiscés dans les fonctions notariales sans titre ni droit. Elle fut déboutée de sa demande par jugement du 24 juillet 1847.

Sur ces entrefaites s'ouvrit la discussion de la loi sur l'enseignement supérieur qui devait être promulguée le 15 juillet 1849.

Le projet de loi imposait aux aspirants au notariat des études théoriques sanctionnées par un examen qui devait être subi devant un jury de professeurs, et conférait à ce jury le droit de concéder le diplôme de candidat-notaire, désormais nécessaire pour parvenir aux fonctions notariales.

Le Gouvernement, voulant briser toute résistance possible de la part des Chambres de discipline, fit introduire dans le projet une disposition additionnelle qui enlevait aux Chambres le pouvoir de constater les connaissances pratiques des candidats et de délivrer le certificat de capacité (1).

Les Chambres de notaires d'Anvers et de Bruxelles sonnèrent aussitôt l'alarme.

M. le sénateur Cogels se fit l'interprète de leurs protestations et prit chaudement la défense de l'institution notariale et des droits des Chambres de discipline.

Peines inutiles ! Le Gouvernement attachait une très haute importance à l'adoption de ce projet.

La loi fut votée.

Les prérogatives des Chambres de discipline étaient

----

(1) Les Chambres de discipline, il faut bien le dire, n'avaient pas compris en Belgique toute l'importance de leurs devoirs et s'étaient montrées d'une condescendance excessive dans l'octroi de ce certificat de capacité.

définitivement sacrifiées et les nominations notariales
abandonnées au caprice ministériel (1).

TROISIÈME PÉRIODE

*De la loi du 15 juillet 1849 à la création de l'École
de pratique notariale de Bruxelles (10 novembre 1875).*

Cette victoire du Gouvernement sur les Chambres de
Notaires ne devait pas tarder à porter ses fruits. Il arriva
alors ce qu'il était facile de prévoir : ainsi que le consta-
tent les publicistes belges, « *les études théoriques absorbè-
rent tous les efforts de l'apprentissage et firent vis-à-vis de
la pratique professionnelle l'office d'un remède dérivatif* ».

Le stage n'étant plus soumis à une sanction fut bientôt
délaissé.

« En vain pour y suppléer, de nouvelles lois en 1857,
» 1861 et 1876, vinrent renforcer les études théoriques ;
» on fut bien obligé de constater que ces études ne pou-
» vaient équivaloir au stage ni en dispenser. Après s'être
» plaint de l'insuffisance des connaissances théoriques,
» on se plaignit avec encore plus de raison de l'insuffi-
» sance des connaissances pratiques, de l'insuffisance de
» l'instruction technique » (2).

« *Le stage, jadis la clef de voûte du notariat, s'en va à la
dérive. — Le stage n'est plus que fictif. — Le stagiaire*

---

(1) *Rapport présenté à l'Assemblée fédérale des candidats-
notaires de Belgique* le 21 mai 1893, pages 11 à 19, *passim.*

(2) *De l'Enseignement spécial au Notariat. Programme et plan
d'organisation.* Mémoire présenté au *Comité de l'enseignement spécial au notariat* par M. Em. Dupond, conseiller à la Cour d'appel
de Bordeaux, p. 45.

fréquente peu l'étude. — Le stage certifié n'est pas accompli en réalité; il n'est plus qu'une formalité ».

Telles sont les plaintes que firent entendre de toutes parts en Belgique non seulement les publicistes, mais encore les notaires, les Chambres de discipline et jusqu'aux clercs eux-mêmes.

Aussi vit-on arriver aux fonctions de notaire des candidats qui avaient fait ou parachevé leurs études notariales en qualité de brasseur, de distillateur, d'agent de change, de négociant ou de marin (1).

QUATRIÈME PÉRIODE

De la création de l'École de pratique notariale de Bruxelles (10 novembre 1875) à la loi du 10 avril 1890.

Le nouveau mal était pire que l'ancien. L'initiative privée devait encore devancer l'œuvre du législateur et essayer d'apporter un remède à cette situation.

Un jurisconsulte éminent, qui avait acquis dans une pratique notariale de vingt années dans l'arrondissement de Namur, et surtout en France dans les arrondissements d'Avesnes et de Cambrai, une connaissance approfondie du droit notarial et fiscal, M. Adolphe Maton, inaugura le 10 novembre 1875, à Bruxelles, une École de pratique notariale dans laquelle ne furent admis que des jeunes gens ayant déjà fait des études théoriques de droit et pourvus du diplôme universitaire de candidat-notaire ou

---

(1) *Rapport présenté à l'Assemblée fédérale des candidats-notaires de Belgique* le 21 mai 1893, p. 28.

de docteur en droit (*Le grade de docteur en droit belge
correspond au grade français de licencié*) (1).

---

(1) Trois années d'études juridiques sont nécessaires, mais suffisantes, pour obtenir soit le *grade belge de docteur en droit*, soit le
grade français de licencié.

Voici le programme comparé de ces études :

POUR LE GRADE BELGE DE DOCTEUR EN DROIT

1° Encyclopédie du droit.
2° Institutes du droit romain.
3° Introduction historique au droit civil.
4° Droit public.
5° Pandectes.
6° Droit civil (Code civil en entier).
7° Droit pénal et éléments de procédure pénale.
8° Economie politique.
9° Eléments du droit commercial.
10° Eléments de l'organisation judiciaire, de la compétence et de la procédure civile.
11° Eléments du droit des gens; éléments du droit international privé.
12° Eléments des lois fiscales se rattachant au notariat.
13° Droit administratif.
(Loi du 10 avril 1890, art. 15 et 16).
Le programme en vigueur sous la législation antérieure ne présentait que peu de diffé-
rences avec le programme actuel, exposé ci-dessus.

POUR LE GRADE FRANÇAIS DE LICENCIÉ EN DROIT

1° (Pas de cours similaire).
2° Droit romain.
3° Histoire du droit.
4° Droit constitutionnel.
5° (Pas de cours similaire).
6° Droit civil.
7° Droit criminel.
8° Economie politique.
9° Droit commercial.
10° Procédure civile.
11° Droit international public.
12° (Pas de cours similaire).
13° Droit administratif.
14° Indépendamment de ces cours qui sont tous obliga-
toires, les étudiants doivent choisir trois des cours se-
mestriels suivants :
Proc. civ.(voies d'exécution).
Droit international privé.
Droit maritime.
Législation commerciale comparée.
Droit administratif.
Droit international public.
Législation industrielle.
Législation coloniale.
Législation financière.
(Décret du 24 juillet 1889).

Il n'existe point de grade belge correspondant au *grade français
de docteur en droit* pour l'obtention duquel il est nécessaire de
consacrer, à la suite de la licence, deux ou trois nouvelles années
à des études juridiques approfondies.

Ces études juridiques approfondies portent sur le droit romain,
les Pandectes, le droit civil, l'histoire du droit, le droit constitutionnel et les matières de deux autres cours au choix du candidat.

Elles sont couronnées par la soutenance d'une thèse.

Ces études pratiques duraient deux ans. Elles étaient destinées à faire acquérir les connaissances qu'en France nous demandons au stage.

Sur le stage elles offraient, sous un certain rapport, une supériorité incontestable : elles étaient faites avec méthode. C'est du facile au difficile que les jeunes gens étaient conduits peu à peu, de telle sorte que l'aridité des débuts pratiques se trouvait ainsi corrigée.

Mais, à d'autres points de vue, elles présentaient une infériorité manifeste : les jeunes gens ne pouvaient être mis en relations directes avec les clients; les faits auxquels s'appliquaient leurs travaux n'étaient point ceux de la vie réelle.

En définitive, ces études formaient une excellente préparation au stage; elles étaient impuissantes à le remplacer.

Quoi qu'il en soit, la création de cette Ecole constituait une heureuse innovation.

Le Notariat belge l'accueillit avec faveur.

L'Université libre de Louvain comprit que ces leçons pratiques correspondaient à un besoin réel : elle offrit à M. Maton la chaire que Rutgeerts avait illustrée pendant près d'un demi-siècle par l'éclat de son enseignement.

L'éminent fondateur de l'Ecole de Bruxelles, suivi de ses élèves, inaugura dans cette chaire ses cours de pratique notariale le 20 octobre 1886.

Pour donner une sanction à ces études pratiques, l'Université de Louvain créa le grade purement honorifique de *licencié en notariat*.

L'année suivante, l'Université libre de Bruxelles fondait à son tour une chaire d'enseignement notarial technique; mais cet enseignement n'eut jamais la même ampleur qu'à Louvain.

RÉGIME ACTUEL

PREMIÈRE PARTIE

EXPOSÉ

CHAPITRE PREMIER

De l'enseignement notarial.

SECTION PREMIÈRE

DISCUSSION, VOTE ET PROMULGATION DE LA LOI DU 10 AVRIL 1890.

M. Maton, dans son cours inaugural du 20 octobre 1886, avait exprimé l'espoir que le législateur belge introduirait officiellement dans l'Université l'enseignement pratique du notariat.

Cet espoir ne devait pas être déçu.

Le 10 décembre de la même année, M. Thonissen, ministre de l'intérieur et de l'instruction publique, déposait à la Chambre des représentants un *projet de loi sur la collation des grades académiques et le programme des examens universitaires.*

Ce projet contenait au sujet de l'obtention du grade de candidat-notaire une quadruple innovation :

1° Tandis que sous le régime de la loi de 1876 chacun pouvait se présenter aux examens académiques et obtenir des grades, notamment celui de candidat-notaire, sans avoir fait des études humanitaires, d'après l'article 6 du projet nul ne pouvait être admis à l'examen de candidat-notaire, s'il ne justifiait par certificat qu'il avait suivi avec fruit un cours complet d'humanités ou s'il n'avait subi une épreuve préparatoire attestant de sérieuses connaissances littéraires et scientifiques.

2° D'après l'article 4 du projet de loi, la durée des études notariales était portée de deux à trois années.

3° L'article 17 complétait le programme le l'enseignement théorique par l'adjonction de plusieurs matières nouvelles.

4° Enfin, le projet faisait disparaître une inconséquence des lois antérieures.

Ces lois qui organisaient un enseignement purement théorique exigeaient cependant que l'examen de candidat-notaire comprît, indépendamment d'une épreuve orale correspondant à cet enseignement, une épreuve pratique consistant en une rédaction d'actes.

Le projet proposait la suppression de cette épreuve pratique. « *L'expérience*, disait l'exposé des motifs, *a constaté que ses résultats sont généralement nuls. Elle n'est d'ailleurs qu'une initiation purement fictive à la pratique du notariat. C'est plutôt à la cléricature qu'il convient de réserver les exercices relatifs à la rédaction des actes, ceux-ci n'étant pas du domaine de l'enseignement supérieur* » (1).

---

(1) *Documents parlementaires*. Chambre des représentants, séance du 10 décembre 1886, p. 32.

Les trois premières innovations ne pouvaient qu'obtenir, sauf sur des points secondaires, l'approbation générale.

Quant à la quatrième, elle allait à l'encontre des vœux du notariat belge. Aussi souleva-t-elle les plus vives critiques.

Dans une étude remarquée parue en 1887, M. le professeur Nyssens se faisait le défenseur de l'enseignement pratique.

Des pétitions étaient en même temps adressées à la Chambre des représentants par les Chambres de notaires de Liège et de Courtrai, par des notaires des arrondissements de Namur, de Dinant, de Verviers, de Marche, de Hasselt, de Malines, de Bruges, de Termonde, de Turnhout, de Tournai et de Nivelles, et enfin par les candidats-notaires de l'arrondissement de Bruxelles.

Toutes sans exception regrettaient que le projet de loi supprimât pour les récipiendaires l'obligation de subir une épreuve pratique consistant en une rédaction d'actes et demandaient le rétablissement de cette épreuve.

La plupart insistaient sur la nécessité de renforcer cette épreuve pratique et de comprendre dans le programme de l'examen de candidat-notaire la science et l'art de l'application de la théorie aux faits et aux conventions de la vie civile.

La Section centrale se rendit aux vœux des pétitionnaires. Dans le rapport déposé au nom de cette Section à la Chambre des représentants le 13 décembre 1887, M. Delcour disait :

« Quoique la rédaction des actes ne soit pas, telle qu'elle se pratique actuellement, une épreuve bien sérieuse, on aurait dû la renforcer au lieu de la supprimer. La loi de

1876 consacrait un principe excellent en lui-même et dont le projet de loi a eu tort de méconnaître la nécessité....»

Et il ajoutait :

« Pour réserver au stage notarial, comme le propose le projet de loi, les examens relatifs à la rédaction des actes, on devrait pouvoir compter sur un stage effectif, c'est-à-dire sur l'initiation à la pratique par le notaire dont le stagiaire fréquente l'étude. Mais aujourd'hui le stage n'est souvent que fictif ; lorsque le stagiaire se rend à l'étude, il n'obtient que des copies à faire ; il passerait sa vie entière à ce travail sans en retirer la moindre aptitude pratique. C'est là une raison de plus pour se rallier aux vœux des notaires. » (1)

Aussi la Section centrale proposait-elle non seulement de rétablir, mais encore de fortifier l'épreuve pratique.

C'est le 19 novembre 1889 que s'ouvrit à la Chambre des représentants la discussion générale du projet de loi sur l'enseignement supérieur.

Le jour même de l'ouverture de cette discussion, M. le notaire Raepsaet, représentant d'Audenarde, prononçait un important discours dans lequel étaient exposées avec autorité les idées de ceux qui réclamaient l'introduction de l'enseignement pratique dans le programme officiel des Universités.

Pour bien se pénétrer de l'esprit dans lequel était demandée cette réforme, il est nécessaire de reproduire les parties essentielles de ce discours.

« L'art. 9 de la loi de 1876, disait l'honorable représentant,

----

(1) *Documents parlementaires.* Chambre des représentants, séance du 13 décembre 1887, p. 65.

imposait aux récipiendaires en notariat une épreuve pratique consistant en la rédaction d'actes : c'était reconnaître et consacrer, en principe, la nécessité d'un enseignement à la fois théorique et pratique pour les aspirants au notariat. Malheureusement les études nécessaires pour initier l'élève à la rédaction d'actes qu'on lui imposait ne furent pas inscrites au programme.

» Les préparations à l'épreuve pratique étant dès lors nulles, les récipiendaires ne pouvaient que produire de médiocres travaux.

» C'est pour ce motif que le projet de loi en discussion supprimait tout examen pratique, au lieu de parer à son insuffisance.

» Voici les singulières raisons invoquées par l'exposé des motifs pour justifier cette suppression :

« *L'expérience a constaté*, dit-il, *que les résultats de cette épreuve*
» *sont généralement nuls. Elle n'est d'ailleurs qu'une initiation*
» *purement fictive à la pratique du notariat. C'est plutôt à la*
» *cléricature qu'il convient de réserver les exercices relatifs à la*
» *rédaction des actes, ceux-ci n'étant pas du domaine de l'ensei-*
» *gnement supérieur.*

« L'expérience a constaté, dit-on, que les résultats de cette épreuve sont généralement nuls. On impose au récipiendaire l'application d'une science, alors qu'on ne lui en enseigne exclusivement que l'élément théorique !

» Suppose-t-on que la mise en œuvre du droit soit chose aisée au point que l'on puisse demander à des jeunes gens d'improviser des actes *ex abrupto ?* Il y a là une sorte d'inconséquence, fruit d'une omission qu'il était bien facile de réparer, au lieu de proclamer qu'il n'y a rien à faire.

» C'est ce qu'a compris et a voulu réaliser la Section centrale par son amendement à l'article 17. Il faut la féliciter d'avoir parachevé l'œuvre du législateur de 1876 qui, convaincu de la nécessité d'un enseignement spécial pour le notariat, ne l'avait qu'insuffisamment organisé, confiant sans doute dans l'initiative de nos Facultés de droit.

« *C'est plutôt à la cléricature*, dit l'exposé des motifs, *qu'il con-*
» *vient de réserver les exercices relatifs à la rédaction des actes,*
» *ceux-ci n'étant pas du domaine de l'enseignement supérieur* ».

« Mais qui donc a décidé, qui surtout a démontré que la rédaction des actes — disons mieux : la pratique notariale — n'est pas du domaine de l'enseignement supérieur ?

» Le contraire est mis en lumière autant par d'excellentes et irréfutables démonstrations que par des faits ; car vous n'ignorez pas, Messieurs, que les Universités de Louvain et de Bruxelles ont constitué ces cours : preuve qu'ils sont bien du domaine de l'enseignement supérieur.

» On peut très bien, en effet, expliquer à l'Université l'organisation d'une étude de notaire, y enseigner l'application du droit, la rédaction des actes, la combinaison du droit civil et du droit fiscal, l'art de concilier les conventions avec les règles juridiques, les moyens légaux d'éviter, par un acte rédigé habilement mais sans fraude, des droits fiscaux trop élevés, etc.

« Qui oserait, dit très bien M. le professeur Nyssens dans une » remarquable étude parue dans la *Revue pratique du notariat belge*, » année 1887, pages 237 et suivantes, qui oserait méconnaitre la » haute utilité d'un tel enseignement ? Ainsi comprise, la pratique » est bien le véritable *ars notariatus*, ce complément nécessaire de » la théorie et que l'on peut comparer à l'art de la médecine, de la » chirurgie, à l'art de l'ingénieur.

» La comparaison n'est pas nouvelle ; il y a longtemps qu'un » notaire des plus compétents a écrit : « *Les cours de pratique sont* » *au notariat ce que la clinique enseignée et pratiquée au chevet des* » *malades est à la médecine* (*Revue*, 1875, page 179) ».

» Songe-t-on à supprimer les cours de clinique en médecine, à » rayer du programme les cours pratiques de construction imposés » aux ingénieurs, sous prétexte que ce n'est pas là de l'enseignement » supérieur ?..... »

Un peu plus loin, M. Raepsaet ajoutait :

« Examinons la valeur d'une autre assertion de l'exposé des motifs concernant la prétendue efficacité du stage notarial. Proposer de réserver la rédaction des actes à la cléricature — disons plus exactement au stage — c'est ignorer ou méconnaitre ce que démontre l'expérience quotidienne.

» La loi organique du notariat, qui malgré ses défauts ne parait pas devoir être de si tôt révisée, demande à l'aspirant au notariat, comme garantie de capacité, la justification d'un temps de travail. Elle voit dans le stage, dont elle ne contrôle cependant pas l'efficacité, la preuve de l'aptitude pratique de l'aspirant.

» Le temps est loin où le stage notarial avait pareille valeur : de l'aveu de tous, il est aujourd'hui devenu illusoire et la confiance du législateur de l'an XI est singulièrement trompée...

» Lorsque le stagiaire se rend à l'étude, nous disent les pétitions » des Chambres de notaires, il n'y fait le plus souvent que des tra- » vaux dont il ne retire aucune aptitude pratique. Les affaires se » traitent aujourd'hui avec une célérité et dans des conditions telles » que le notaire ne saurait plus, comme autrefois, se faire le profes- » seur de ses stagiaires; des clercs expérimentés lui sont avant tout » nécessaires. D'un autre côté, le stagiaire fréquente peu l'étude, » confiant en ce que la loi n'exige pas de lui la preuve de connais- » sances pratiques. *En règle générale, le stage n'est donc plus et ne* » *saurait plus être une initiation réelle à la pratique notariale et* » *il incombe à l'enseignement supérieur de suppléer à son inefica-* » *cité* ».

Et M. Raepsaet, s'appropriant cette appréciation, disait :

« Cette conclusion, Messieurs, présentée avec l'autorité de l'expérience, s'impose comme une nécessité...

» Aux Universités donc le devoir d'enseigner non seulement la théorie, mais encore la pratique, c'est-à-dire la combinaison des différentes branches du droit et l'application des principes aux difficultés usuelles de la profession notariale... » (1)

M. Raepsaet, sans doute, ne demandait point la suppression radicale du stage; mais il lui assignait un rôle des plus modestes :

« Au stage, disait-il dans une séance ultérieure, le 22 janvier 1890, lors de la discussion de l'art. 17 du projet de

---

(1) *Annales parlementaires.* Chambre des représentants, séance du 19 novembre 1889, p. 25 et 26.

loi, au stage l'exécution matérielle, mécanique des travaux de l'étude, la manutention en un mot » (1).

Dans cette même séance du 22 janvier 1890, M. le représentant Colaert donnait son appui aux considérations émises par M. Raepsaet, et M. Devolder, ministre de l'intérieur et de l'instruction publique, déclarait à son tour s'y rallier sans hésitation.

Aussi la Chambre adoptait-elle à l'unanimité un amendement de M. Raepsaet qui prescrivait l'organisation d'un enseignement pratique et l'obligation pour les étudiants en notariat de subir, à la fin de chacune des trois années d'études juridiques, une épreuve comprenant la solution de cas d'application et la rédaction d'actes notariés.

Le 14 mars suivant, M. le notaire Roberti, de Louvain, se faisait, au Sénat, le défenseur des idées exposées à la Chambre par M. Raepsaet et réussissait à son tour à les faire triompher.

Enfin, le 28 mars, M. Woeste déposait à la Chambre des représentants, au nom de la Section centrale, un rapport sur le projet de loi tel qu'il avait été adopté par le Sénat.

Tout en approuvant l'introduction des exercices pratiques dans le programme officiel de l'enseignement notarial, il émettait au sujet de cet enseignement, d'accord avec M. le Ministre Devolder dont les opinions s'étaient modifiées au cours de la discussion, des idées sensiblement différentes de celles préconisées par M. Raepsaet.

---

(1) *Annales parlementaires*. Chambre des représentants, séance du 22 janvier 1890, p. 411.

Ces idées méritent de fixer l'attention.

« *Il importe*, disait M. Woeste, *de remarquer deux choses : la première c'est que, surtout dans la première année des études notariales, l'enseignement doit être principalement théorique ; la seconde c'est qu'il ne sera guère aisé au récipiendiaire, après une année d'études, de rédiger des actes et de formuler la solution de cas d'application. Ce serait donc mal comprendre la loi que de donner trop d'extension à la partie pratique de l'examen. L'application s'apprend surtout au cours du stage notarial et pour que le récipiendaire puisse s'y initier, il est nécessaire qu'il possède bien la théorie* » (1).

Ces appréciations ayant été combattues à la tribune, dans la séance du 1er avril, par M. Raepsaet, M. Woeste répliqua :

« *Une chose me paraît évidente : c'est que les cours de notariat sont principalement des cours théoriques. Sans doute ces cours comprennent une partie pratique..., mais il n'en est pas moins vrai que le côté théorique des cours domine le côté pratique.*

» *Le texte même qui nous est soumis le prouve. Il renferme neuf branches théoriques : la dixième seule est une branche pratique.*

» *Comment contester d'autre part que pour pouvoir s'initier à l'application d'une matière, il faut d'abord posséder très bien cette matière, il faut commencer par apprendre la théorie ; et qui méconnaîtra que celle-ci absorbera une grande partie de l'année scolaire ?*

» *Je reconnais parfaitement qu'il faudra enseigner aux jeunes gens qui se destinent au notariat l'application des matières étudiées,.. mais je maintiens que cette application ne constituera que la partie la moins importante du cours.*

» *Je n'admets pas non plus avec l'honorable M. Raepsaet que j'aurais eu tort de prétendre que l'application devait surtout s'apprendre pendant le stage notarial.*

---

(1) *Documents parlementaires.* Chambre des représentants, séance du 28 mars 1890, p. 92.

» L'application qu'on enseignera aux Universités, qu'on me pardonne cette expression en apparence contradictoire, sera une application... théorique. La vraie application continuera à s'apprendre pendant le stage ; *c'est celle qui met le candidat-notaire aux prises avec les dossiers et en rapport avec les clients ; c'est dans l'étude des dossiers, c'est dans les relations avec la clientèle que le candidat-notaire achève de se former* » (1).

Le projet adopté par le Sénat fut voté définitivement par la Chambre.

Après une incubation de quatre années, la *loi sur la collation des grades académiques et les examens universitaires* avait enfin vu le jour.

Elle fut promulguée le 10 avril 1890.

Aux termes des articles 5 et suivants, *nul n'est admis à l'examen de candidat-notaire s'il ne justifie par certificat qu'il a suivi avec fruit un cours d'humanités de six années, au moins, y compris la rhétorique...*

Ce certificat devra constater en outre que l'élève est jugé apte à suivre avec fruit les cours d'enseignement supérieur...

Les certificats sont examinés par un jury institué par arrêté royal.

A défaut de certificat admis par le jury, le récipiendaire doit justifier qu'il a subi une épreuve préparatoire qui comprend :

1° Les principes de la rhétorique ;

2° La traduction en français ou en flamand, d'un

---

(1) *Annales parlementaires.* Chambre des représentants, séance du 1er avril 1890, p. 1044.

auteur latin emprunté au programme de la rhéto-
rique ;

3° *La traduction d'un auteur flamand, allemand ou*
anglais, au choix du récipiendaire ;

4° *Une composition française, allemande ou flamande,*
au choix du récipiendaire ;

5° *L'arithmétique ;*

6° *L'algèbre élémentaire, y compris la théorie des pro-*
gressions et des logarithmes ;

7° *La géométrie plane et les éléments de la géométrie à*
trois dimensions ;

8° *La géographie ;*

9° *L'histoire de Belgique ;*

10° *Les faits principaux de l'histoire ancienne, de*
l'histoire du moyen-âge et de l'histoire moderne.

... Le Gouvernement aura également le droit de décider
que l'épreuve comprend une traduction du grec en fran-
çais ou en flamand.

Telles sont les conditions requises pour l'entrée à
l'Université et l'admissibilité à l'examen de candidat-
notaire de l'étudiant en notariat.

Voici maintenant quel est le programme des études
notariales.

Aux termes de l'art. 17, *l'examen pour le grade de*
candidat-notaire comprend :

1° *Les notions de la philosophie morale et le droit natu-*
rel ;

2° *L'encyclopédie du droit ;*

3° *L'introduction historique au droit civil ;*

4° Les éléments du droit international privé;

5° Les lois particulières qui régissent la capacité et les biens des établissements publics, la législation sur les aliénés, les dispositions des règlements sur la dette publique, les règlements sur la caisse des dépôts et consignations;

6° Les lois de procédure civile relatives à l'ouverture des successions, à l'exécution forcée des jugements et des actes, aux saisies-arrêts, aux saisies-exécutions, à la saisie des fruits pendants par racines, à la distribution par contribution, à la saisie immobilière, à l'ordre et à la saisie des rentes;

7° Le droit civil (Code civil en entier);

8° Les éléments du droit commercial;

9° Les lois organiques du notariat et les lois fiscales qui s'y rattachent (droits d'enregistrement, de succession, de timbre et d'hypothèque);

10° L'application des matières comprises sous les n°° 4 à 9 du présent article et la rédaction d'actes sur ces matières.

Chaque épreuve de l'examen de candidat-notaire comprendra la solution de cas d'application et la rédaction d'actes notariés.

Les actes seront rédigés, au choix des récipiendaires, soit en langue française, soit en langue flamande, soit dans les deux langues.

Les récipiendaires sont, en outre, admis à justifier de leur aptitude à rédiger les actes en langue allemande.

Il sera fait mention, au certificat et au diplôme, de la langue ou des langues dont le récipiendaire s'est servi pour cette épreuve pratique.

Les matières énumérées ci-dessus feront l'objet de trois épreuves, et de trois années d'études au moins (1).

SECTION II

FONCTIONNEMENT DE LA LOI DU 10 AVRIL 1890

Il existe en Belgique quatre Universités :

Deux Universités de l'Etat : Gand et Liège,

Et deux Universités libres : l'Université libérale de Bruxelles et l'Université catholique de Louvain.

Nous allons les passer successivement en revue et étudier dans chacune d'elles le fonctionnement de la loi du 10 avril 1890.

---

(1) D'après l'art. 16 de la loi du 10 avril 1890, les candidats au grade de docteur en droit peuvent demander à être interrogés sur celles des matières de l'examen de candidat-notaire qui ne font point partie du programme spécial de leurs études; en cas de succès, le diplôme leur reconnaît, outre le grade de docteur en droit, celui de candidat-notaire.

Bien que les récipiendaires aient la faculté de passer cet examen supplémentaire en même temps que la dernière épreuve du doctorat, en fait ils ne demandent à le subir qu'après avoir obtenu le grade de docteur en droit. Ils consacrent généralement six mois à la préparation spéciale de cet examen supplémentaire. Ce délai est considéré comme un peu court pour apprendre d'une façon approfondie les lois fiscales qui se rattachent au notariat.

§ I. UNIVERSITÉ DE GAND

1° Tableau des Cours (Année académique 1892-1893).

DÉSIGNATION des COURS	NOMS des PROFESSEURS	JOURS ET HEURES	
		PREMIER SEMESTRE	SECOND SEMESTRE
Examen de Candidat-Notaire			
PREMIÈRE ÉPREUVE			
Notions de philoso-phie morale. . . .	MM. NOSSENT . . .	. . . .	Mercredi, 10 h. à 11 1/2.
Droit civil (L. I, II).	NOSSENT . . .	Mardi, 11 h. à 12 1/2; jeudi, samedi, 10 à 11 h. 1/2.	Mardi, 10 h. à 11 h. 1/2.
Lois organiques du notariat.	D'HONDT. . . .	. . . .	Merc., 8 h. 1/2 à 10 h. ; jeudi, 9 h. 1/2 à 11 h.
Encyclop. du droit.	DE RIDDER . .	Vend., 10 h. à 11 1/2.	
Introd. historique au droit civil. . .	DE RIDDER . .	. . . .	Lundi, 9 h. 1/2 à 11 h.
Cours d'applic. (En partie en flamand)	D'HONDT. . . .	. . . .	Samedi, 8 h. 1/2 à 10 h.
SECONDE ÉPREUVE			
Droit naturel. . . .	NOSSENT . . .	. . . .	Jeudi, vendredi, 9 h. 1/2 à 11 h.
Droit civil (L. III, t. 1-4).	D'HONDT. . . .	Lundi, 10 h. à 11 1/2 ; mardi, 9 h. 1/2 à 11 ; merc., 11 h. 1/2 à 1 ; vend., 8h 1/4 à 9 3/4.	
Droit civil (L. III, t. 6-20).	SERESIA	. . . .	Lundi, mardi, mercredi, 8 h. 1/2 à 10 h.
Droit administratif.	MONTIGNY. . .	(Partie du cours du doctorat en droit) (1)	
Procédure civile . .	SERESIA	(Partie du cours du doctorat en droit) (2)	
Cours d'applic. (En partie en flamand)	D'HONDT. . . .	. . . .	Lundi, 10 h. à 11 h. 1/2.
TROISIÈME ÉPREUVE			
Droit civil (L. III, t. 5).	SERESIA. . . .	Mardi, 8 h. à 9 1/2, jeudi, 8 h. 1/2 à 10.	
Eléments du droit internat. privé . .	ROLIN	Vendredi, 8 h. 1/2 à 10 h.	Mardi, 8 h. 1/2 à 10 h.
Eléments du droit commercial. . . .	CALLIER. . . .	. . . .	Jeudi, vend., sam. 10 h. à 11 1/2.
Lois fiscales se rat-tachant au notariat	D'HONDT. . . .	Jeudi, 10 h. à 11 1/2 ; sam., 8 h. 1/2 à 10.	
Cours d'applic. (En partie en flamand)	D'HONDT . . .	. . . .	Vendredi, 8 h. 1/2 à 10 h.

(1) Le cours de droit administratif a lieu, pour le doctorat en droit, le mercredi et le vendredi de 8 h. 1/2 à 10 h. pendant le 1er semestre, et le jeudi de 8 h. 1/2 à 10 h. pendant le 2e semestre.

(2) Pour le doctorat en droit, le cours de procédure civile a lieu : pendant le 1er semestre, le lundi de 8 h. 1/2 à 10 h. et le mercredi de 10 h. à 11 h. 1/2; pendant le 2e semestre, le vendredi de 8 h. 1/2 à 10 h.

2º **Enseignement théorique.**

Dans la séance du 21 novembre 1889, M. Warnant, pre
nant la parole à la Chambre des représentants dans la
discussion du projet de loi sur l'enseignement supérieur,
disait en terminant son discours :

« Pour réaliser un vrai progrès dans l'enseignement universitaire
du droit on devrait se préoccuper d'une réforme qui a son importance et qu'on ne trouve pas dans le projet de loi : elle a trait à la
manière de donner des leçons.

» Qu'arrive-t-il aujourd'hui ? Un professeur a son cours parfaitement préparé. Toutes les années il vient lire les mêmes cahiers et
l'élève se borne à écrire sous sa dictée ; rien de plus. Dans ces conditions, donnez-moi des cahiers bien faits et je serai aussi bon professeur que le meilleur des professeurs du monde.

» Avec un semblable système, je le demande, à quoi sert le professeur ? Que fait l'élève au cours ? Zéro, absolument zéro !

» Et que faut-il faire ? Il faudrait mettre aux mains des élèves des
manuels imprimés ; il faudrait leur en faire étudier certaines parties,
il faudrait leur faire réciter les leçons, les interroger, habituer ces
jurisconsultes en herbe, ces avocats de l'avenir, à discuter, à exprimer clairement leur pensée. Voilà le but à atteindre. »

Un membre ayant dit :

« Il y a des professeurs qui font cela ! »

— « Ils devraient tous le faire ! répliqua M. Warnant. Je vou-
drais que cela fût établi non seulement comme une faculté, mais
comme une obligation pour les professeurs. Je considère cette
mesure comme devant exercer la plus grande influence sur le progrès de l'enseignement supérieur » (1).

La méthode préconisée par M. Warnant est mise en

---

(1) *Annales parlementaires.* Chambre des représentants, séance
du 21 novembre 1889, p. 52.

vigueur par plusieurs professeurs de l'Université de Gand, principalement par M. Seresia.

M. Seresia ne fait point à ses élèves l'exposé didactique des principes du droit.

Il leur met en mains un manuel : le précis de Laurent pour le droit civil.

Les étudiants doivent pour chaque cours apprendre un certain nombre de pages de ce précis et résoudre par écrit diverses questions juridiques.

Au début du cours les solutions écrites sont remises au professeur. Celui-ci, après avoir recueilli tous les travaux, demande à quelques-uns des étudiants comment ils ont répondu aux questions posées.

Puis il interroge tantôt l'un, tantôt l'autre, sur les matières étudiées dans le *Précis de droit civil*. Les étudiants ne se contentent pas de répondre aux interrogations, ils demandent des éclaircissements, soulèvent des objections, provoquent des discussions. Entre le maitre et les élèves, c'est un colloque vivant, animé, dans lequel les principes sont mis en relief, les conséquences déduites avec précision, les doutes dissipés et l'esprit constamment tenu en éveil.

Ces cours sont en définitive des conférences. Les étudiants y prennent un intérêt extrême.

A la fin de chaque conférence, le professeur dicte les questions juridiques dont les élèves doivent lui apporter la solution écrite au début du cours suivant.

M. Seresia emporte chez lui les travaux qui lui ont été remis; il les examine, puis les rend à leurs auteurs avec des annotations.

Cette méthode oblige l'étudiant à un travail personnel

continu. Elle produit, au dire de M. Seresia, les résultats les plus fructueux (1).

---

(1) Par une singulière coïncidence, cette même méthode d'enseignement est en honneur à l'Ecole de Notariat de Rennes. Dans son intéressante *Etude sur les Ecoles de Notariat*, M. Duplessix, président du Comité des notaires du ressort de la Cour d'appel de Rennes, nous dépeint (p. 34 et 35), dans les termes suivants, le système d'enseignement adopté dans cette Ecole :

« Une conférence a lieu tous les matins, sauf les jours fériés, de 8 heures à 9 heures et demie.

» La première partie de la séance est employée par le professeur à interroger les étudiants sur le chapitre de droit dont l'étude leur a été prescrite la veille ou l'avant-veille, et ces interrogations portent sur tous les points du chapitre.

» Le professeur commente et rectifie au besoin chaque réponse, met en lumière les définitions et principes mal compris, pose et fait résoudre des espèces et amène les étudiants à faire les rapprochements et distinctions nécessaires pour bien graver dans leur esprit les règles applicables à chaque lien de droit.

» Dans la seconde partie de la séance, le professeur indique le chapitre de droit à étudier pour la conférence suivante, trace les grandes lignes de ce chapitre, indique les points qui doivent spécialement attirer l'attention des étudiants et méritent une étude approfondie.

» Les auditeurs prennent des notes brèves qui constituent, non le compte-rendu d'un cours complet, mais des indications destinées à les guider dans leur travail.

» Enfin le professeur dicte un certain nombre de questions qui sont l'objet de réponses écrites consignées sur un cahier. Le choix et le mode de position des questions doivent être tels que les étudiants soient obligés, pour y répondre, d'étudier leur manuel et de bien posséder les règles et principes à l'étude. Ils se trouvent ainsi bien préparés pour répondre aux interrogations du professeur à la séance suivante.

» Ce dernier vérifie et annote de temps en temps les cahiers ».

M. d'Hondt n'a adopté, pour l'enseignement théorique, ni la méthode des cours proprement dits, ni celle des conférences. Son système d'enseignement tient à la fois de la conférence et du cours ; c'est un système mitigé.

Il expose les principes du droit dans un ordre didactique, sans s'attarder dans de trop longues dissertations, signale les controverses, mais les tranche rapidement en tenant compte surtout de l'opinion de la jurisprudence.

Pendant ses cours, il pose quelquefois des interrogations aux étudiants, leur demandant de faire, séance tenante, à une espèce déterminée, l'application d'un principe qu'il vient d'exposer.

Deux fois par semaine en moyenne, il dicte à ses auditeurs des questions juridiques auxquelles doivent être données des réponses écrites. Ces réponses sont examinées et discutées au début du cours suivant.

3° Enseignement pratique.

Dans les cours d'application, M. d'Hondt donne à ses élèves des problèmes juridiques à résoudre et des actes notariés à rédiger.

Ces travaux sont faits à domicile par les étudiants. Au cours suivant, ils sont examinés avec soin ; on discute les solutions des problèmes et l'on fait la critique des formules.

§ II. UNIVERSITÉ DE LIÈGE

1° Tableau des Cours (Année académique 1892-1893).

DÉSIGNATION des COURS	NOMS des PROFESSEURS	JOURS ET HEURES	
		PREMIER SEMESTRE	SECOND SEMESTRE
Examen de Candidat-Notaire			
PREMIÈRE ÉPREUVE			
Philosophie morale.	MM. GRAFÉ	Jeudi, sam., 10 h. à 11	
Droit naturel	DEJACE.	. . . .	Mardi, mercredi, jeudi, 10 h. à 11
Encyclop. du droit .	B O N T E M P S, ORBAN, suppl.	Mardi, 11 h. 1/2 à 1	. . . .
Introd. historique au droit civil . . .	DEJACE.	Jeudi, sam., 11 h. 1/2 à 1 h.	. . . .
Dr. civil (art. 1 à 710)	GALOPIN. . . .	Mardi, jeudi, samedi 8 h. à 10	Mardi, 8 h. à 10
Cours d'application.	GALOPIN. . . .	. . . .	Un cours de 2 h. par semaine.
SECONDE ÉPREUVE			
Droit civil (art. 711 à 1100)	GALOPIN. . . .	Lundi, merc., 8 h. à 10	. . . .
Droit civil (art. 1101 à 1386)	LEMAIRE. . . .	Mardi, jeudi, samedi 8 h. à 10	. . . .
Droit administratif.	ORBAN	Jeudi, 10 h. à 11 1/2	. . . .
Droit notarial. . . .	GALOPIN. . . .	. . . .	Jeudi, samedi, 8 h. 1/2 à 10
Procédure civile. . .	THIRY.	. . . .	Mercredi, vendr., 10 h. à 11 1/2.
Cours d'application	GALOPIN. . . .	. . . .	Un cours de 2 h. par semaine.
TROISIÈME ÉPREUVE			
Droit civil (art. 1387 à la fin).	LEMAIRE. . . .	Mardi, jeudi, samedi 8 h. à 10	Mardi, jeudi, sam. 8 h. à 10
Droit commercial. .	LEMAIRE. . . .	Merc., 10 à 11 h. 1/2; vend., 8 h. 1/2 à 10	Vendredi, 10 h. à 11 h. 1/2.
Droit fiscal	GALOPIN. . . .	. . . .	Lundi, mercredi, vend., 8 h. 1/2 à 10
Droit internat. privé	MAHAIM	Mercredi, vendredi, 11 h. 1/2 à 1 h.	. . . .
Cours d'application.	GALOPIN. . . .	. . . .	2 cours de 2 h. chacun par semaine

2º **Enseignement théorique.**

C'est la méthode didactique qui est usitée à Liège pour l'enseignement de la théorie.

Les étudiants ont en mains, notamment pour le droit civil, des résumés imprimés, rédigés par le professeur lui-même, qui mettent en lumière d'une façon très nette, très concise et en même temps très complète, les principes juridiques exposés et expliqués dans le cours.

Ils possèdent également le *Précis de droit civil* de M. Baudry-Lacantinerie. A M. Galopin, professeur de droit notarial et recteur de l'Université de Liège, revient l'honneur d'avoir introduit en Belgique ce remarquable ouvrage qui a porté non-seulement dans toute la France mais au-delà de toutes nos frontières le renom scientifique de la Faculté de droit de Bordeaux.

3º **Enseignement pratique.**

Dans les cours pratiques, M. Galopin procède à la correction publique d'actes notariés rédigés à domicile par les étudiants. Il examine ensuite les solutions écrites données par eux à des cas d'application.

Puis il leur fait résoudre verbalement, séance tenante, cinq ou six problèmes juridiques, leur demandant d'indiquer les raisons de douter et celles de décider. Il leur pose en même temps toutes les questions nécessaires pour achever de mettre les principes en relief.

Ces exercices pratiques présentent une importance spéciale et des difficultés particulières pendant la troisième année.

§ III. UNIVERSITÉ DE BRUXELLES

1º Tableau des Cours (Année académique 1892-1893).

DÉSIGNATION des COURS	NOMS des PROFESSEURS	JOURS ET HEURES	
		PREMIER SEMESTRE	SECOND SEMESTRE
Examen de Candidat-Notaire.			
PREMIÈRE ÉPREUVE			
	MM.		
Notions de la philo-sophie morale . .	TIBERGHIEN .	. . . .	Jeudi, vendredi et sam., à 10 h.
Encyclopédie du droit	NYS.	Lundi et mardi, à 8 heures.	Lundi et mardi, à 8 heures.
Introduction histor. au droit civil. . .			
Lois organiques du notariat.	BAUDOUR . . .	Vendredi et samedi, à 11 heures.	Vendredi et sa-medi, à 11 h.
Appl. et réd. d'actes.	BEHAEGHEL .	. . . .	Jeudi, à 9 h.
Éléments du droit civil.	CORNIL	Lundi et mardi, à 9 heures.	Lundi et mardi, à 9 heures.
SECONDE ÉPREUVE			
Droit naturel. . . .	OLIN	Vendredi et samedi, à 8 heures.	
Droit administratif.	GIRON	Mercredi, à 11 h.	
Procédure civile . .	BEHAEGHEL .	Mardi, à 9 heures.	
Droit civil (livres I et II et livre III, tit. 1er du Code civ.	Van der REST .	Lundi, mardi et mer-credi, à 10 heures.	Lundi, mardi, mercredi et jeudi, à 10 h.
Appl. et réd. d'actes.	BEHAEGHEL .	Jeudi, à 10 heures.	Mardi, à 9 h.
TROISIÈME ÉPREUVE			
Droit civil (livre III du Code civ. (moins le titre 1er)	CORNIL	Jeudi, vendredi et samedi, à 9 h.	Jeudi, vendr. et samedi, à 9 h.
	Van der REST .	Lundi, mardi et mer-credi, à 9 heures.	Lundi, mardi et mercr., à 9 h.
Lois fiscales se ratta-chant au notariat.	BAUDOUR . . .	Jeudi, vendredi et samedi, à 10 h.	Jeudi, vendredi et sam., à 10 h.
Éléments du droit internat. privé. .	VAUTHIER. . .	. . . .	Lundi et mardi, à 8 heures.
Éléments du droit commercial. . . .	VAUTHIER. . .	Mercredi et jeudi, à 8 heures.	Mercr. et jeudi, à 8 heures.
Appl. et réd. d'actes.	BEHAEGHEL .	Mercredi, 10ʰ à 11 1/2	Merc., 10ʰ à 11 1/2

2ᵒ Enseignement théorique.

C'est sous forme d'exposé didactique que se donne l'enseignement de la théorie à l'Université de Bruxelles.

Il est à remarquer qu'au lieu de consacrer chacune des trois années à l'étude d'un tiers du Code civil, à Bruxelles on enseigne durant la première année, au point de vue élémentaire, l'ensemble de ce droit et l'on n'étudie que pendant les deux dernières années le détail des articles.

Le cours d'éléments du droit civil est confié à M. Cornil, conseiller à la Cour de cassation belge.

Ce cours est fait avec une si lumineuse clarté que des étudiants ont pu dire qu'il constitue pour eux un vrai délassement.

La méthode adoptée à Bruxelles pour l'enseignement du droit civil nous paraît digne de retenir l'attention.

Enseigner le Code civil en écartant tout d'abord les controverses et les questions secondaires pour ne s'attacher qu'aux principes indiscutables, c'est éviter de troubler le jeune débutant par l'incertitude que fait naître l'exposé des discussions juridiques, c'est lui donner un point d'appui pour ses raisonnements personnels, c'est en un mot asseoir sur les bases les plus solides l'étude de cette portion si importante du droit.

Les étudiants ont en mains, pour les cours de notariat et de droit fiscal et pour certaines parties du cours d'éléments du droit civil, des sommaires imprimés rédigés par les professeurs. Ces sommaires leur servent de guide pour suivre les développements qui sont donnés dans les cours théoriques à ces différentes matières.

3° **Enseignement pratique.**

Pour les cours d'application de même que pour les cours théoriques, c'est la méthode didactique qui est usitée à Bruxelles.

M. Behaeghel, ancien élève de M. Maton, et ancien stagiaire de M. de Doncker notaire à Bruxelles, est chargé de cette branche de l'enseignement.

Il dicte son cours.

Sur chaque sujet traité il commence par résumer succinctement ce qui a été exposé au cours théorique ; il donne ensuite quelques explications pratiques, fait connaître les devoirs et pouvoirs du notaire en ce qui concerne la matière étudiée, indique les habitudes notariales et leur raison d'être, et donne à ses auditeurs des conseils utiles pour mettre, le cas échéant, leur responsabilité à couvert.

En dernier lieu il dicte la formule et mentionne à la suite de chaque acte le montant des droits d'enregistrement à percevoir.

Les étudiants ne sont point interrogés. Il ne leur est imposé aucun travail écrit : ils n'ont ni à rédiger des actes, ni à résoudre des problèmes juridiques (1).

---

(1) L'Université libre de Bruxelles avait créé en 1887 un cours pratique de notariat, avant que ce cours n'eût été rendu obligatoire.

Mais, de l'aveu de M. Baudour qui en était chargé, ce cours pratique n'avait pas l'importance qui lui a été donnée par la loi de 1890. Il consistait simplement dans la dictée de formules accompagnée de brèves explications.

§ IV. UNIVERSITÉ DE LOUVAIN

1º Tableau des Cours (Année académique 1892-1893).

DÉSIGNATION des COURS	NOMS des PROFESSEURS	JOURS ET HEURES	
		PREMIER SEMESTRE	SECOND SEMESTRE
Examen de Candidat-Notaire			
PREMIÈRE ÉPREUVE			
	MM.		
Code civil.	MABILLE . . .	Jeudi et vendredi, 10 h. 1/2 à 12. Samedi, 9 h. 1/2 à 11	Jeudi, 10ʰ à 11 1/2. Veud., 10ʰ 1/2 à 12 Sam., 9 h. 1/2 à 11
Notions de philoso-phie morale. . . .	BOSSU	Mardi, à 12 h. Mercredi, à 12 h.	»
Droit naturel. . . .	DESCAMPS . .	»	Lundi, mardi, mercredi, à 10 h. ; jeudi, à 9 h.
Encyclop. du droit et introd. histor. au droit civil.	DESCAMPS . .	Mardi, 9 h. 1/2 à 11	Mardi, 8 h. à 9 1/2.
Lois organiques du notariat (1ʳᵉ part.)	MATON.	Lundi, 11 h. à 12 1/2.	»
Appl. et réd. d'actes.	MATON.	Mardi, 2 h. 1/2 à 4	Mardi, 2 h. 1/2 à 4
SECONDE ÉPREUVE			
Code civil.	MABILLE . . .	Lundi, 11 h. à 12 1/2. Mardi, 9 h. 1/2 à 11 Samedi, 11 h. à 12 1/2	Lundi, 11ʰ à 12 1/2 Mardi, 9ʰ 1/2 à 11. Sam., 8 h. à 9 1/2.
Lois organiques du notariat (2ᵉ partie)	MATON.	»	Merc., 11ʰ à 12 1/2
Lois fiscal. se rattac. au notar. (élém.).	MATON.	Mardi, 11 h. à 12 1/2. Merc., 11 h. à 12 1/2.	»
Appl. et réd. d'actes.	MATON.	»	Merc., 2 h. 1/2 à 4
TROISIÈME ÉPREUVE			
Code civil.	Van BIERVLIET.	Jeudi, 10 h. 1/2 à 12 Vend., 10 h. 1/2 à 12 Samedi, 9 h. 1/2 à 11	Jeudi, 10ʰ 1/2 à 12. Vend., 10ʰ 1/2 à 12 Sam., 9 h. 1/2 à 11
Eléments du droit commercial. . . .	NYSSENS . . .	»	Lundi, mardi, mercredi, 8 h. à 9 h. 1/2.
Elém. du droit inter-national privé. .	SCHICKS. . . .	Lundi, 8 h. à 9 1/2.	Lundi, 9ʰ 1/2 à 11
Droit administratif.	MATON.	Lundi, 2 h. 1/2 à 4	»
Procédure civile . .	MATON.	»	Lundi, 11ʰ à 12 1/2
Lois fiscales (cours approfondi). . . .	MATON.	»	Mardi, 11ʰ à 12 1/2
Appl. et réd. d'actes.	MATON.	Mercredi, 2 h. 1/2 à 4	Lundi, 2 h. 1/2 à 4

2° Enseignement théorique.

C'est la méthode didactique qui est en honneur pour les cours théoriques à l'Université de Louvain.

L'enseignement du droit civil est donné par MM. Mabille et Van Biervliet.

Les étudiants ont en mains le cours de M. Mabille, autographié *in extenso*, et le *Précis de droit civil* de M. Baudry-Lacantinerie.

3° Enseignement pratique.

C'est à M. Maton, nous le savons, qu'est confiée la chaire d'enseignement pratique du notariat à l'Université de Louvain.

Voici un aperçu de sa méthode :

Pendant chacune des trois années, l'application et la rédaction suivent immédiatement l'enseignement de la théorie. Elles portent : la première année, après l'exposé des règles de la forme et de la rédaction des actes notariés en général, sur le premier tiers du Code civil ; la deuxième année, sur le second tiers du Code civil, le droit notarial et les éléments du droit fiscal ; enfin, la troisième année, sur le troisième tiers du Code civil, le droit fiscal approfondi, la procédure et les lois administratives relatives au notariat.

En quoi consistent ces cours ?

Après avoir rappelé dans un résumé succinct la théorie relative à la matière traitée, M. Maton procède à une analyse pratique préparatoire à l'application et à la rédaction ; puis il expose les règles qui ont trait à la forme de l'acte et la rédaction à employer.

A la fin du cours, il donne le thème de deux ou trois

exercices pratiques de rédaction à faire à domicile par les étudiants. M. Maton considère que ces exercices répétés constituent le complément nécessaire de son enseignement; c'est ici surtout que l'on peut dire : *fit fabricando faber*.

Ces travaux écrits sont recueillis par M. Maton qui les examine et les annote avec soin, surtout au début des études notariales.

A la leçon suivante, M. Maton remet l'un de ces travaux à son auteur et l'invite à le lire à haute voix. Il l'arrête quand il y a lieu, demande des éclaircissements, pose des questions, indique les rectifications à faire, de façon que tous les étudiants profitent de cette correction publique. Puis il rend à chacun son travail.

Suit enfin l'exposé de situations de fait et de conventions diverses ayant trait à la même matière. A chacune d'elles les élèves doivent appliquer aussitôt, oralement, après analyse juridique, la forme d'acte qui convient. Ils sont tenus en outre de résumer les énonciations que cet acte doit contenir.

Les leçons d'application et de rédaction ainsi données pendant chacune des trois années sur chaque branche du droit distinctement constituent une excellente préparation aux cours de pratique notariale proprement dite.

La troisième année, alors que les élèves ont étudié toutes les branches du droit, et particulièrement le droit fiscal approfondi, ont lieu, en sus de l'application et de la rédaction sur les matières spéciales à cette année, des cours de pratique notariale portant sur les principales matières des trois années.

En quoi consistent ces cours de pratique notariale ? M. Maton les distingue soigneusement des cours d'application et de rédaction.

Les *cours d'application et de rédaction* portent sur chaque branche du droit successivement, et même dans chaque branche ils ne doivent et ne peuvent porter que sur les parties déjà étudiées au cours théorique. Ils suivent en définitive le cours théorique pas à pas, et voilà pourquoi ils peuvent être faits avec fruit dès la première année (1).

Les *cours de pratique notariale* embrassent l'ensemble du droit. Ils consistent dans la combinaison des diverses branches du droit et spécialement du droit civil et du droit fiscal. Ils initient à la direction des affaires, si complexes soient-elles. Ils apprennent à l'étudiant à rechercher, comme doit le faire le notaire, les vraies intentions des parties dans un exposé fait parfois dans le langage vulgaire, à la manière des personnes ignorant le droit. Ils enseignent l'art de rédiger l'acte qui convient avec cette fidélité et cette adresse qui, tout en respectant les volontés des parties et la loi, engagent le moins la responsabilité notariale et évitent l'écueil fiscal. Ils font connaître enfin les formalités à remplir après la passation de l'acte jusqu'à la terminaison de l'affaire. En un mot, ils sont l'image d'une véritable étude de notaire. Voilà pourquoi ils ne peuvent être faits avec fruit que pendant la troisième année, alors que les étudiants ont vu l'ensemble du droit (2).

---

(1) Voir des aperçus de cours d'application et de rédaction dans la *Revue pratique du notariat belge,* n° du 30 novembre 1893, p. 673 à 684, et n° du 30 janvier 1894, p. 37 à 52.

(2) Ce n'est en réalité qu'après l'expiration de la troisième année que les aspirants au notariat ont étudié d'une façon complète, dans les cours théoriques, toutes les matières qu'ils doivent connaître.

Les cours de pratique notariale professés actuellement à Lou-

§ V. OBSERVATIONS GÉNÉRALES

En vertu du principe de la liberté de l'enseignement supérieur qui est un des principes fondamentaux de la Constitution belge, on peut se préparer à l'examen de candidat-notaire, soit en suivant les cours de l'une quelconque des quatre Universités, soit même en travaillant seul.

Mais il va sans dire que le premier mode de préparation est adopté par la presque totalité des étudiants.

Les étudiants en notariat qui suivent les cours des Universités passent leurs examens devant un jury composé de leurs professeurs.

Chaque Commission d'examen est formée habituellement de cinq membres. Elle ne peut en comprendre moins de trois.

---

vain ayant lieu *non pas après*, mais *pendant* la troisième année, le professeur doit se trouver contraint de prendre certaines précautions pour ne point faire mettre en pratique par anticipation les principes de droit dont la théorie n'est enseignée qu'à la fin de cette troisième année.

Ces précautions, il n'était pas nécessaire de les prendre dans les cours de pratique notariale qui étaient donnés par M. Maton dans son École de Bruxelles, ni dans ceux qu'il avait organisés à l'Université de Louvain avant la loi de 1890, pour la préparation au grade académique de *licencié en notariat*. Ces cours s'adressaient, en effet, à des jeunes gens déjà pourvus du titre de candidat-notaire ou de docteur en droit, c'est-à-dire à des auditeurs qui avaient déjà parcouru le cycle complet des études théoriques. Aussi le professeur pouvait-il y exposer sans la moindre réticence la combinaison de toutes les branches du droit.

— Voir des aperçus de cours de pratique notariale dans la *Revue pratique du notariat belge*, n° du 30 mai 1890, p. 305 et s., et n° du 10 juin 1890, p. 339 à 349.

Il y a dans chaque Université deux sessions d'examens : l'une en juillet, l'autre en octobre.

Chaque Université ne peut faire subir d'examens qu'à ses propres élèves.

Les Universités libres jouissent, comme les Universités de l'Etat, du droit de conférer des diplômes.

Les étudiants en notariat qui préparent seuls leurs examens et ceux qui, étant inscrits dans une Université, ne veulent point se présenter devant le jury d'Université subissent leurs examens devant un jury constitué par le Gouvernement.

Ce jury, qui est désigné sous le nom de jury central, siège à Bruxelles deux fois par an : en août et en novembre.

Il comprend un professeur de chacune des quatre Universités ; il est habituellement présidé par un magistrat de la Cour de cassation ou de la Cour d'appel de Bruxelles. Le président doit toujours être choisi en dehors du personnel enseignant.

Les examens nécessaires pour l'obtention du grade de candidat-notaire, qu'ils soient passés devant les jurys d'Université ou devant le jury central, sont composés de deux parties : d'une partie écrite et d'une partie orale.

L'épreuve écrite porte sur l'enseignement pratique. Elle comprend la rédaction d'actes notariés et la solution de cas d'application.

Deux heures environ sont accordées pour cette épreuve. Elle n'est pas éliminatoire.

L'épreuve orale porte sur l'enseignement théorique. Elle dure au moins une heure pour chaque candidat.

Le récipiendaire est admis, ajourné ou refusé. Le récipiendaire refusé ne peut se représenter qu'après un délai d'un an.

Le récipiendaire ajourné peut se représenter à la session suivante.

Le récipiendaire admis reçoit un certificat ou un diplôme constatant qu'il a subi l'examen d'une manière satisfaisante, avec distinction, avec grande distinction ou avec la plus grande distinction.

Les diplômes doivent, avant de produire aucun effet légal, avoir été entérinés par une Commission spéciale siégeant à Bruxelles.

Les certificats délivrés à la suite de chaque épreuve annuelle sont également soumis à l'entérinement.

Cette Commission spéciale est composée de deux conseillers à la Cour de cassation, de deux membres de l'Académie royale de médecine, de deux membres de la classe des lettres et de deux membres de la classe des sciences de l'Académie royale des sciences, des lettres et des beaux-arts, tous désignés par arrêté royal et nommés pour une année.

Les professeurs des Universités ne peuvent faire partie de cette Commission.

La Commission élit parmi ses membres un président et un secrétaire.

Elle est chargée de s'assurer que les certificats et les diplômes ont été délivrés régulièrement.

A titre d'encouragement, des médailles en or de la valeur de 100 fr., accompagnées de prix de 400 fr. en argent ou en livres, peuvent être décernées chaque année par le Gouvernement aux Belges, auteurs des meilleurs mémoires en réponse aux questions mises au concours.

Sont admis à concourir les jeunes gens inscrits au rôle des étudiants d'une Université, ainsi que ceux qui ont obtenu depuis deux ans au maximum soit dans une Université, soit devant le jury central, le diplôme légal de candidat-notaire.

... Des bourses de voyage peuvent être, en outre, conférées aux lauréats sur la proposition du jury spécial qui est chargé de juger le concours.

En fait aucun candidat-notaire ou étudiant en notariat n'a pris part jusqu'à présent à ce concours annuel.

De même qu'en France, dans les Universités belges les deux tiers seulement de l'année sont consacrés au travail.

Les cours sont suspendus une huitaine de jours au premier de l'An et une quinzaine de jours à Pâques.

Les grandes vacances durent trois mois.

La rentrée générale a lieu vers la mi-octobre.

Lors de la discussion du projet de loi sur l'enseignement supérieur, le nombre des étudiants en notariat s'était accru d'une façon notable dans chacune des Universités. Cet accroissement était provoqué par le désir d'échapper aux règles plus rigoureuses qui allaient être établies par la loi nouvelle pour l'obtention du grade de candidat-notaire.

Tous ceux qui se destinaient à la carrière notariale et qui étaient en mesure de commencer leurs études se hâtèrent de le faire avant le vote.

Aussi une décroissance extrême se produisit-elle dans les premiers temps qui suivirent la mise en vigueur de la loi du 10 avril 1890.

Aujourd'hui le nombre des étudiants en notariat tend à remonter ; mais il n'atteindra très probablement pas le niveau antérieur, à raison des difficultés créées par la loi nouvelle.

Au point de vue du nombre actuel des étudiants en notariat, on peut classer par gradation ascendante les Universités belges dans l'ordre suivant : Liège, Gand, Bruxelles, Louvain.

CHAPITRE II

Du stage.

Les articles 36 et suivants de la loi du 25 ventôse an XI qui règlementent le stage et lui assignent en principe une durée de six années entières et non interrompues sont encore applicables en Belgique (1).

Pour être admis aux fonctions notariales, il ne suffit

---

(1) Loi du 25 ventôse an XI, art. 36 à 42.

Art. 36. — Le temps de travail ou stage sera, sauf les exceptions ci-après, de six années entières et non interrompues, dont une des deux dernières au moins en qualité de premier clerc chez un notaire d'une classe égale à celle où se trouvera la place à remplir.

Art. 37. — Le temps de travail pourra n'être que de quatre années lorsqu'il en aura été employé trois dans l'étude d'un notaire d'une classe supérieure à la place qui devra être remplie, et lorsque pendant la quatrième l'aspirant aura travaillé en qualité de premier clerc chez un notaire d'une classe supérieure ou égale à celle où se trouvera la place pour laquelle il se présentera.

Art. 38. — Le notaire déjà reçu et exerçant depuis un an dans une classe inférieure sera dispensé de toute justification de stage pour être admis à une place de notaire vacante dans une classe immédiatement supérieure.

Art. 39. — L'aspirant qui aura travaillé pendant quatre ans sans interruption chez un notaire de première ou de seconde classe et qui aura été pendant deux ans au moins défenseur ou avoué près d'un tribunal civil, pourra être admis dans une des classes où il aura fait son stage, pourvu que pendant l'une des deux dernières années de son stage il ait travaillé, en qualité de premier

pas d'avoir obtenu le grade de candidat-notaire, il faut encore justifier que pendant toute la durée prescrite par la loi de ventôse on a été inscrit dans une étude en qualité de stagiaire.

On sait l'importance qu'attachaient au stage les législateurs de l'an XI.

— « *Si l'aspirant au notariat doit se livrer à l'étude des lois*, disait le tribun Favard, *il n'en est pas moins vrai que c'est dans les études des notaires que l'on acquiert surtout le talent de la rédaction des actes, l'habitude de la conciliation, tout ce qui donne enfin la pratique si nécessaire dans cet état.* »

— « *Une condition essentielle pour l'admission*, disait à son tour le tribun Jaubert, *sera... le stage. Eh! quelle profession plus que celle des notaires exige une éducation analogue! Ne sait-on pas que la plus savante théorie ne suffirait pas pour faire un bon notaire, qu'il faut aussi*

---

clerc, chez un notaire d'une classe égale à celle où se trouvera la place à remplir.

Art. 40. — Le temps de travail exigé par les articles précédents devra être d'un tiers en sus, toutes les fois que l'aspirant. ayant travaillé chez un notaire d'une classe inférieure, se présentera pour remplir une place d'une classe immédiatement supérieure.

Art. 41. — Pour être admis à exercer dans la troisième classe de notaires, il suffira que l'aspirant ait travaillé pendant trois années chez un notaire de première ou de seconde classe, ou qu'il ait exercé, comme défenseur ou avoué, pendant l'espace de deux années, auprès du tribunal d'appel ou de première instance, et qu'en outre il ait travaillé pendant un an chez un notaire.

Art. 42. — Le Gouvernement pourra dispenser de la justification du temps d'étude les individus qui auront exercé des fonctions administratives ou judiciaires.

une pratique assidue pour apprendre les formes, pour connaître les lois relatives, pour exprimer avec clarté des conventions qui se diversifient à l'infini, pour éviter des pièges qui trop souvent sont tendus à la candeur et à la bonne foi ? Pour tout cela sans doute il faut de la perspicacité naturelle, mais il faut aussi de l'habitude. Loin de nous de considérer le ministère des notaires comme l'ouvrage d'une routine vulgaire ; mais chaque profession a ses règles ; celle du notaire a de plus son style particulier ; l'habitude seule peut donner ce genre d'instruction. Un des plus grands avantages du stage doit être aussi d'aider les candidats à se bien pénétrer de l'esprit de la profession..... Cet esprit excite l'émulation, honore le cœur, élève l'âme. Lorsqu'un homme estime sa profession, il sait prendre les moyens de se faire estimer lui-même. »

— « *C'est surtout*, déclarait enfin le Conseiller d'Etat Réal, *c'est surtout dans la stricte et rigoureuse exécution de l'obligation du stage, dans un nombre plus ou moins grand d'années employées sans interruption dans l'étude d'un notaire..., c'est dans l'expérience longue, résultat de ce long travail, bien plus que dans un interrogatoire de quelques minutes, que la loi trouvera la garantie de l'instruction qu'elle exige* ».

Malheureusement les faits n'ont pas répondu en Belgique à l'attente du législateur.

Nous avons raconté comment le stage avait été peu à peu délaissé.

Aujourd'hui, cet abandon est presque complet. Les publicistes, les membres du Parlement, les notaires, les Chambres de discipline, les candidats-notaires sont unanimes à le constater.

Ecoutons les membres du Parlement : « *Le stage cer-*

tifié n'est pas accompli en réalité; il n'est plus guère qu'une formalité. Les candidats-notaires qui travaillent sérieusement sont de nos jours de bien rares exceptions. »

— « *Le stage comme il se fait actuellement est imparfait*, attestent à leur tour les notaires et les Chambres de discipline. *Le stagiaire fréquente peu l'étude. Généralement, le stage n'est plus que fictif.* »

— « *Le stage, jadis la clef de voûte du notariat, s'en va à la dérive* », affirment de leur côté les publicistes.

Et *la Fédération des candidats-notaires de Belgique* souligne cette affirmation, en ajoutant qu'elle peut être considérée comme un axiome notarial et que personne n'oserait la contester de nos jours.

Il suffit de traverser la Belgique pour s'assurer que ces constatations sont exactes et n'ont rien d'exagéré.

Quelques aspirants au notariat se rendent bien de temps à autre à l'étude, notamment à Bruxelles ; mais ce n'est généralement qu'à des intervalles irréguliers qu'ils y font une apparition. Comme il est impossible de compter sur eux, on ne leur donne le plus souvent que des copies à faire, besogne rebutante et infructueuse dont ils ne tardent pas à être las.

Aussi la plupart s'abstiennent-ils de venir à l'étude. Et comme le travail doit cependant être fait, comme le notaire ne peut pas se passer de collaborateurs, il a à son service, notamment dans les Flandres, des employés salariés, désignés sous le nom de commis, qui non seulement font les courses et les expéditions, mais qui encore rédigent les minutes des actes courants, de telle sorte que le vrai stage est accompli par les commis, c'est-à-dire par ceux qui jamais ne seront notaires, puisqu'ils n'ont point fait et ne feront jamais les études nécessaires pour l'obtention du grade de candidat-notaire.

Quant aux stagiaires, ils se contentent trop souvent de paraître deux fois à l'étude : une fois pour demander d'être inscrits sur le tableau des clercs et une autre fois pour retirer le certificat constatant que leur inscription a été maintenue pendant la durée prescrite par la loi de ventôse pour l'accomplissement du stage.

L'étude n'étant point encombrée par la présence des stagiaires, le notaire admet à l'inscription sans difficulté tous ceux qui se présentent. Aussi, dans certaines études, le nombre des stagiaires inscrits atteint-il des chiffres fantastiques.

On comprend maintenant que, dans la séance du 19 novembre 1889, M. Raepsaet ait pu dire à la Chambre des représentants, sans trouver de contradicteur : « *De l'aveu de tous, le stage est aujourd'hui devenu illusoire et la confiance du législateur de l'an XI est singulièrement trompée* ».

CHAPITRE III

Du mode de nomination.

L'aspirant au notariat, muni du *diplôme de candidat-notaire* délivré par un jury de professeurs et du *certificat de stage* délivré par le notaire dans l'étude duquel il a été inscrit, n'a plus qu'à attendre sa nomination.

Comment se fait cette nomination?

L'art. 45 de la loi de ventôse attribue au chef de l'Etat le pouvoir de nommer les notaires.

Cette disposition avait pour but avoué de permettre au Premier Consul de mettre la main sur une vaste et puissante corporation.

En France, nous l'avons vu, les nominations notariales furent soustraites aux influences politiques par la loi du 28 avril 1816 qui concéda aux notaires le droit de présentation.

Mais en Belgique, aucune loi semblable n'ayant été promulguée, elles continuèrent à rester et elles sont aujourd'hui encore à la discrétion des partis politiques qui se disputent le pouvoir.

Un publiciste belge nous fait un curieux tableau des candidats-notaires passés à l'état de solliciteurs perpétuels :

« *Dès les premières années de leur entrée dans la carrière,* dit-il, *les compétiteurs se livrent à une véritable chasse aux influences. Celui-ci s'appuie sur la protection de tel personnage avec lequel le ministre doit compter ; celui-là recherche l'intimité de quelque ami du ministre de la justice ; un autre se lance dans l'arène politique en vue de s'imposer un jour au choix des hommes du pouvoir ; enfin, un quatrième déjoue toutes les manœuvres des concurrents en s'emparant de l'amitié du ministre lui-même* » (1).

C'est là un tableau fidèle, quel que soit le parti au pouvoir.

Les considérations politiques ne cèdent que devant certaines considérations de famille. Si le candidat est proche parent ou allié du notaire qu'il s'agit de remplacer, si c'est un neveu par exemple, si surtout c'est un gendre ou un fils, il peut être assuré d'obtenir la situation qu'il convoite, fût-il du parti de l'opposition.

Il est à remarquer qu'en ce qui concerne les fils, cette faveur est conforme à la tradition, et à l'esprit de la loi de ventôse.

---

(1) F. de Potter : *Le notariat belge et l'intérêt public,* p. 38 et 39.

« Les principes sur lesquels repose le choix des notai-
» taires, disait le conseiller Réal, se concilient parfaite-
» ment avec ce que pourront exiger les convenances et
» les circonstances ».

Et il insinuait que le Goûvernement, sans y être toutefois contraint, agirait en conformité de la pensée du
législateur, en permettant aux fils de notaires, qui réuni-
raient les conditions de capacité requises, de recueillir
l'étude avec le patrimoine familial ; car, disait-il, « c'est
» aussi une propriété sans doute que cette confiance mé-
» ritée, que cette clientèle acquise par une vie entière
» consacrée à un travail opiniâtre et pénible ».

Le notaire belge étant nommé à vie, la politique ne
joue plus aucun rôle après sa nomination : il n'est pas
inquiété pour ses opinions et ne peut être destitué que
pour fautes professionnelles.

Mais dans l'admission aux fonctions notariales la politique joue le rôle prépondérant : la concession d'une
place de notaire constitue habituellement la récompense
de services électoraux.

Ardentes sont les compétitions ; car considérable, trop
considérable est le nombre des candidats-notaires, même
en comptant seulement ceux qui appartiennent au parti
au pouvoir.

Cette concurrence excessive a fait naître un autre abus
qui tend à se propager ; je veux parler de la *vénalité occulte*. Les charges de notaires se vendent par dessous
main. Le cédant et le cessionnaire, après avoir traité,
mettent en jeu toutes les influences, en faisant à leurs
protecteurs, pour stimuler leur zèle, la confidence de leurs
arrangements secrets. On circonvient alors le ministre de
la justice et on lui arrache la nomination.

Le mal remonte haut. Déjà le 26 juillet 1843 il était signalé par une circulaire ministérielle.

« *Nos lois*, disait le Ministre de la justice, *ne permettent la transmission à prix d'argent d'aucun office ou charge dont les titulaires sont nommés par le Gouvernement. L'arrêté du 16 mars 1831 a posé, en ce qui concerne spécialement le notariat, des principes dont le maintien rigoureux est impérieusement réclamé par des considérations d'intérêt public et pour l'avenir de cette institution elle-même.*

» *Cependant il est arrivé souvent, bien que la démission pure et simple du titulaire fût exigée, que des arrangements ont été conclus entre lui et l'un des candidats qui pouvaient aspirer à le remplacer, et que l'on a invoqué ces arrangements comme un titre à l'obtention de la place* ».

La circulaire, après avoir fait ressortir les inconvénients résultant d'un semblable trafic, terminait ainsi : « *Dès que les candidats sauront que ces conventions contraires à la loi, loin d'être un titre pour eux, seront plutôt un obstacle à leur nomination, il est à espérer qu'ils éviteront de les conclure et que les abus signalés ne se reproduiront plus* ».

Les effets de cette circulaire ont été nuls, lisons-nous dans le *Rapport présenté le 21 mai 1893 à l'Assemblée fédérale des candidats-notaires de Belgique.*

Les abus qu'il s'agissait de prévenir se sont perpétués jusqu'à nos jours.

Depuis une dizaine d'années ils tendent à s'aggraver dans des proportions inquiétantes.

La vente des charges notariales se fait actuellement avec un rare cynisme.

Il y a peu d'années, on demandait, à la quatrième page d'un journal très répandu, des cessionnaires pour des études bien achalandées. Il y en avait à la portée de toutes les bourses.

On n'ignore pas en haut lieu que des abus se commettent. C'est pour y mettre obstacle que le ministre de la justice a fait, il y a peu de temps, une nouvelle édition de la circulaire de 1843.

« *Il est devenu notoire*, dit cette nouvelle circulaire qui date du 11 mai 1892, *qu'il se fait aujourd'hui en Belgique un trafic des charges notariales. Les démissions s'achètent; on sait même quelles sont les études à vendre et le prix auquel elles sont à acheter.*

» *La vénalité des offices notariaux, abolie par le décret de l'Assemblée constituante des 29 septembre et 6 octobre 1791, se trouve ainsi souvent rétablie en fait* ».

Aussi le Ministre invite-t-il les parquets à surveiller avec la plus grande attention les démissions des notaires et la cession des minutes, et à user de rigueurs à l'égard de ceux qui tenteraient de violer les prohibitions de la loi.

Le but poursuivi par M. le Ministre de la justice est fort louable, ajoute le rapport précité, mais la mesure qu'il préconise est inopérante; car s'il fallait en croire la malignité publique, les on-dit insaisissables, sa circulaire obtiendrait le succès de sa devancière. Ainsi plusieurs des nominations faites depuis moins d'un an auraient la vénalité pour base!

Si la rumeur publique dit vrai, et elle ne se trompe pas toujours, il serait prouvé que le Gouvernement est impuissant à empêcher des abus sur lesquels il attire l'attention des parquets et que ceux-ci sont incapables de les découvrir et de les réprimer (1).

---

(1) *Rapport présenté à l'Assemblée fédérale des candidats-notaires de Belgique*, le 21 mai 1893, p. 35 et 36.

SECONDE PARTIE

CHAPITRE PREMIER

De l'organisation de l'enseignement notarial.

PREMIÈRE QUESTION

QUE FAUT-IL PENSER DES DISPOSITIONS DE LA LOI DU 10 AVRIL 1890 ?

Tout le monde s'accorde à reconnaître que la loi de 1890 constitue un progrès très sérieux sur toute la législation antérieure.

Elle contient en effet une quadruple amélioration :

1° Elle établit pour les aspirants au notariat des conditions d'admission aux études juridiques ;

2° Elle prolonge la durée de ces études ;

3° Elle étend le programme théorique ;

4° Elle organise l'enseignement pratique.

Nous allons passer successivement en revue ces quatre innovations.

1° *Conditions d'admission aux études juridiques.* — Sous le régime de la loi de 1849 il n'existait pour les aspirants au notariat aucune condition d'admission aux études juridiques.

La loi du 1ᵉʳ mai 1857 exigea un certificat d'humanités

complètes et celle du 27 mars 1861 y ajouta un examen à peu près équivalent à celui de gradué en lettres (1).

Vint ensuite la loi du 20 mai 1876.

« On ne connaît que trop, dit M. Galopin dans sa remar-
» quable étude sur *la Réforme du notariat* (2), on ne
» connaît que trop la suppression pure et simple du gra-
» duat en lettres et même du certificat d'humanités par la
» loi de 1876. Sous le régime de cette malheureuse loi, les
» cours de la candidature en notariat furent encombrés
» d'adolescents qui avaient quitté l'Athénée ou le Collège
» dès la troisième ou la quatrième latine, ou qui n'avaient
» fait que quelques études professionnelles. Ils devinrent
» aussi le refuge des élèves rebutés aux examens par les
» Facultés de philosophie ou des sciences. C'est alors que
» le professeur exilé dans un cours de notariat pouvait se
» remémorer le fameux vers d'Ovide :

» *Barbarus hic ego sum, quià non intelligor ulli* ».

Pour marquer cette infériorité on se servait en Belgique d'une expression pittoresque : « Les candidats-notai-
» res, disait-on, sont les pharmaciens du droit ».

La loi du 10 avril 1890 astreint les aspirants au notariat à justifier qu'ils ont suivi un cours complet d'humanités ou à subir une épreuve préparatoire sur les matières de l'enseignement des humanités.

Bien que ces exigences aient rendu plus difficile l'accès des études notariales, cet accès est cependant encore

---

(1) Le graduat en lettres correspondait à la première partie (examen de rhétorique) de notre baccalauréat ès-lettres.

(2) Discours sur *la Réforme du notariat* prononcé le 17 octobre 1892, par M. Galopin, recteur de l'Université de Liège, dans la séance solennelle de rentrée de cette Université, p. 26.

aujourd'hui beaucoup plus facile que celui des études qui conduisent au doctorat en droit.

A son entrée à l'Université, le jeune Belge qui veut faire son droit doit justifier de connaissances identiques à celles qui sont demandées à l'aspirant au notariat.

Mais tandis que ce dernier peut commencer immédiatement ses études notariales, le premier doit, avant de commencer son droit, obtenir le grade de candidat en philosophie et lettres, et ce n'est qu'au bout de deux années d'études à l'Université que ce grade peut lui être conféré.

Il y a donc encore aujourd'hui, au point de vue des conditions d'admission aux études juridiques, une différence importante entre les étudiants en notariat et les étudiants en droit. Aussi existe-t-il, même à l'heure actuelle, une inégalité entre la situation des premiers et celle des seconds.

II. *Durée des études.* — La durée des études notariales qui, sous les lois de 1849, 1857, 1861 et 1876, était seulement de deux années, a été portée avec raison à trois années par la loi de 1890.

III. *Extension du programme de l'enseignement théorique.* — D'après l'article 65 de la loi du 15 juillet 1849, le programme de l'enseignement théorique ne comprenait que le Code civil, les lois organiques du notariat et les lois financières s'y rattachant.

Les lois du 1er mai 1857 et du 27 mars 1861 ne touchèrent pas à ce programme.

L'art. 9 de la loi du 20 mai 1876 y ajouta l'encyclopédie du droit et l'introduction historique au cours de droit civil.

Toutes ces lois avaient laissé dans l'oubli certaines

matières dont la connaissance est d'une grande utilité pour le notariat.

La loi de 1890 a réparé cet oubli. C'est ainsi qu'elle a ajouté au programme de la loi de 1876 :

1° Les notions de la philosophie morale et le droit naturel ;

2° Les éléments du droit international privé ;

3° Les lois particulières qui régissent la capacité et les biens des établissements publics, la législation sur les aliénés, les dispositions des règlements sur la dette publique, les règlements sur la caisse des dépôts et consignations ;

4° Les lois de procédure civile relatives à l'ouverture des successions, à l'exécution forcée des jugements et des actes, aux saisies-arrêts, aux saisies-exécutions, à la saisie des fruits pendants par racines, à la distribution par contribution, à la saisie-immobilière, à l'ordre et à la saisie des rentes ;

5° Les éléments du droit commercial.

IV. *Organisation de l'enseignement pratique.* — Les lois de 1849, de 1857, de 1861 et de 1876 imposaient aux récipiendaires en notariat une épreuve pratique consistant en la rédaction d'actes.

« C'était reconnaître et consacrer en principe, comme » l'a dit M. Raepsaet, la nécessité d'un enseignement à » la fois théorique et pratique pour les aspirants au » notariat. Malheureusement les études nécessaires pour » initier l'élève à la rédaction d'actes qu'on lui imposait » ne furent pas inscrites au programme.

» Les préparations à l'épreuve pratique étant dès lors » nulles, les récipiendaires ne pouvaient que produire de » médiocres travaux ».

Ainsi que l'a publiquement avoué M. le représentant Colaert dans la discussion de la loi de 1890, l'élève se bornait à parcourir, la veille de l'examen, le formulaire de Bastiné et le jury ne tenait aucun compte du résultat de cette épreuve. Ce n'était pas sérieux.

C'est pour cela que le projet de loi déposé par M. Thonissen supprimait tout examen pratique.

Mais nous avons fait connaître les protestations et les critiques qu'il souleva de la part du notariat belge. A la suite de ces critiques et de ces protestations le législateur, nous l'avons vu, au lieu de supprimer cette épreuve pratique, la rendit obligatoire à la fin de chacune des trois années d'études, et la renforça par l'organisation d'un enseignement préparatoire comprenant l'application, pendant ces trois années, de la presque totalité des matières qui composent le programme théorique (1).

---

(1) M. d'Hondt, professeur à l'Université de Gand, pense que le législateur aurait eu une meilleure inspiration s'il avait prescrit de consacrer exclusivement à la théorie les deux premières années d'études notariales et de réserver pour la troisième année l'enseignement et l'examen pratiques. Les étudiants eussent été mieux préparés à recevoir cet enseignement et en auraient retiré plus de profit.

Semblable idée avait été émise par la Faculté de droit de Gand au cours de la discussion de la loi de 1890. A la suite des observations présentées par cette Faculté, M. le Ministre Devolder avait même proposé à la Chambre des représentants, lors de la discussion des articles en seconde lecture, de revenir sur le premier vote prescrivant trois épreuves pratiques, une à la fin de chaque année, et de supprimer cette épreuve dans l'examen de première année.

Son amendement fut adopté par la Chambre ; mais au Sénat il fut vivement combattu par M. Roberti.

Les améliorations réalisées par la loi du 10 avril 1890 sont incontestables et incontestées.

Sont-elles suffisantes ?

Oui, assurément, répondent les uns.

Non, prétendent les autres : il faudrait exiger des aspirants au notariat le titre de docteur en droit.

M. le Ministre Devolder le défendit avec énergie.

« Pendant la première année des cours de droit, dit-il, les étu- » diants ne se sont pas encore suffisamment familiarisés avec les » principes eux-mêmes pour qu'on puisse leur soumettre des cas » d'application. *Ce serait mettre la charrue devant les bœufs.*

» Si l'on veut être pratique, on attendra que l'étudiant ait eu le » temps d'acquérir une certaine somme de connaissances théori- » ques avant de le mettre aux prises avec les difficultés d'applica- » tion. Alors seulement il pourra se rendre compte de ces difficultés » et s'appliquer intelligemment à chercher le moyen de les résou- » dre ».

Mais M. Roberti répliqua :

« Pourquoi ne pas maintenir l'épreuve pratique pour la première » année ?

» M. le Ministre dit que, après la première année d'études les » matières déjà enseignées ne seront pas suffisantes pour donner » lieu à un examen ! Je me permets de lui faire observer que ces » matières comprendront le premier tiers du Code civil...

» Lorsque les jeunes gens auront étudié pendant un an les 711 » premiers articles de ce Code et suivi pendant la même période » un cours de droit notarial comprenant la solution de cas d'appli- » cation et la rédaction d'actes relatifs aux dispositions du premier » tiers du Code civil, il y aura là, me semble-t-il, matière suffi- » sante pour légitimer un examen pratique ! »

M. Devolder fit vainement observer par deux fois qu'il avait dit que les étudiants de première année n'auraient pas une connais- sance théorique suffisante pour pouvoir rédiger des actes d'appli- cation.

« Les dispositions que je propose, poursuivit M. Roberti, ont

« — Le programme étant composé, **disent les premiers (1)**, de toutes les branches dont l'application se fait dans le notariat, on conçoit qu'il est inutile d'exiger le diplôme de docteur en droit pour l'admission aux fonctions notariales.

» Remarquons bien que le programme de candidature en notariat renferme toutes celles des matières du doctorat qui sont réellement nécessaires au notaire; il rejette à bon droit les branches complètement étrangères, superflues, telles que les Institutes, les Pandectes, le droit pénal et la procédure pénale, le droit administratif, la majeure partie de la procédure civile, sans parler des matières de la candidature en philosophie, préparatoire au droit.

» Non seulement le notaire n'est jamais appelé à faire usage de ces matières, mais elles ne peuvent même être considérées pour lui comme des auxiliaires ».

— *On doit regretter*, **répliquent les seconds par la bouche de l'éminent recteur de l'Université de Liège (2)** *que la loi*

» été admises à la Chambre au premier vote et je demande au Sénat
» la consécration de ce vote. Il me semble rationnel de ne pas faire
» porter un examen sur deux années d'études, alors qu'il y en a
» trois! Il serait plus logique de faire passer un examen pratique
» chaque année sur les matières enseignées pendant cette année ».

Ces considérations entraînèrent la conviction du Sénat qui rétablit le texte voté primitivement par la Chambre. — *Annales parlementaires*, séance du 14 mars 1890, p. 275 et 276.

(1) Voir le discours prononcé par M. Raepsaet à la Chambre des représentants. — *Annales parlementaires*, séance du 19 novembre 1889, p. 24 et 25.

Parmi les partisans de cette opinion figurent la plupart des notaires, M. le représentant Raepsaet et M. Maton. M. Maton, toutefois, n'est pas absolument opposé au second système.

(2) Discours sur *la Réforme du notariat* prononcé le 17 octobre 1892, par M. Galopin, recteur de l'Université de Liège, dans la séance solennelle de rentrée de cette Université, p. 27 et 28.

Ce second système compte au nombre de ses partisans l'Association des candidats-notaires de l'arrondissement de Bruxelles et le corps professoral des diverses Facultés de droit. La Faculté de

de 1890 n'ait pas imposé le grade de docteur en droit comme condition d'admission au notariat : seul, le doctorat est capable de
donner au jeune homme des principes solides, une culture juridique
complète, le développement intellectuel et l'initiative nécessaires
pour entreprendre des études personnelles au sortir de l'Université.

» On objecte que les cours de doctorat comprennent certaines matières qui ne sont nullement nécessaires dans la pratique notariale :
le droit romain, le droit public, le droit criminel et l'économie politique. Cela importe peu : la question se présente tout d'abord
comme une question de programme d'éducation juridique et non
pas comme une simple affaire de programme de connaissances professionnelles. Il ne s'agit pas de rechercher si chacune des matières de l'enseignement du doctorat présente une utilité directe pour
l'exercice de l'état de notaire. Ce qui est à examiner, c'est s'il
convient, pour former l'esprit de l'aspirant et le mûrir, pour le préparer convenablement à l'intelligence et à la pratique du droit, de
l'astreindre à faire l'ensemble harmonique des études du doctorat,
ou s'il suffit de lui tracer un programme bizarre fait de toutes sortes de pièces et de morceaux détachés de différents cours, dans des
vues d'exercice immédiat de la profession. Ce qui est à savoir,
c'est si l'aspirant doit recevoir une éducation juridique sérieuse
qui lui permette de s'affranchir plus tard de la tutelle des avocats
ou s'il est destiné à rester toujours un juriste imparfait, un vulgaire praticien incapable d'étudier et de résoudre lui-même les
difficultés de droit que soulèvent à chaque instant les affaires dont
il est chargé.

» Le droit romain surtout fait horreur aux partisans des études
strictement professionnelles. Ils semblent ignorer qu'aujourd'hui
encore les vrais jurisconsultes considèrent le droit romain comme
la base nécessaire, indispensable, de l'enseignement du droit civil.
Un magistrat très distingué qui pendant plusieurs années a dirigé
avec autorité les travaux de l'École libre de Notariat de Bordeaux,
M. Dupond, conseiller à la Cour de Bordeaux, écrivait récemment

---

Liège notamment persiste depuis une quarantaine d'années dans
la défense de cette opinion.

ceci : « *Un cours de droit romain vaut, à notre avis, deux cours de*
» *droit civil français pour former l'esprit juridique des étudiants,*
» *et notre regret est que le défaut d'études de latinité ne permette*
» *pas d'astreindre les clercs de notaire à des études de droit ro-*
» *main* » (1). *Emanée d'un spécialiste d'une compétence incontesta-*
ble, cette réflexion fait justice du reproche qu'on nous adresse de
vouloir le superflu, en exigeant des futurs notaires le grade de doc-
teur en droit.

SECONDE QUESTION

QUE FAUT-IL PENSER DU FONCTIONNEMENT DE LA LOI DU 10 AVRIL 1890 DANS LES QUATRE UNIVERSITÉS BELGES ?

Au point de vue de la méthode d'enseignement, Bruxelles
et Gand suivent des voies absolument différentes.

A Bruxelles, pour l'enseignement pratique de même
que pour l'enseignement théorique, les cours consistent
en un exposé didactique des matières traitées. Le rôle
des étudiants se borne à écouter le professeur. Aucun
devoir écrit n'est imposé en dehors des cours.

A Gand, au contraire, pour l'enseignement théorique
de même que pour l'enseignement pratique, c'est surtout
le système des conférences qui est en honneur. Dans ces
conférences, les élèves doivent répondre à de nombreuses
questions qui leur sont posées par le professeur. Ils ont
en outre à rédiger à domicile des travaux écrits qui sont
soigneusement corrigés et annotés.

Liège et Louvain ont adopté un système intermédiaire.

Dans ces deux Universités, les cours théoriques consistent, comme à Bruxelles, en un exposé didactique ;
aucun devoir écrit n'est demandé à leur sujet ; mais dans

---

(1) *De l'enseignement spécial au notariat,* p. 92.

les cours pratiques, les élèves sont interrogés, comme à Gand, et des travaux écrits, dont la rédaction a été faite à domicile, sont l'objet d'une correction publique.

En définitive, à Bruxelles, aucun travail personnel n'est exigé des étudiants en notariat : latitude entière leur est laissée.

Dans les trois autres Universités, au contraire, un travail personnel plus ou moins intense leur est imposé.

Nous croyons que ce second système est le meilleur.

Le système de Bruxelles est celui des Facultés de droit de France.

On en connaît les inconvénients. L'étudiant livré à lui-même ne vient aux cours que d'une façon généralement peu assidue ; lorsqu'il y assiste, il n'écoute le plus souvent le professeur que d'une oreille distraite. En dehors des cours, il ne travaille point. Ce n'est qu'à l'approche de l'examen, pendant les derniers mois ou plus exactement pendant les dernières semaines, qu'il s'assimile fiévreusement le plus grand nombre possible de matières, sans avoir le temps nécessaire pour les digérer (1).

Le second système, obligeant l'étudiant durant toute l'année à un travail personnel continu, lui permet de tirer plus de profit de l'enseignement.

Nous venons de comparer les quatre Universités belges au point de vue de la méthode d'enseignement ; mais

---

(1) Sans doute, en dehors des cours, des conférences sont faites dans les Facultés de droit de France par les agrégés. Dans ces conférences, les jeunes gens sont interrogés sur les matières expliquées dans les cours. Mais il ne faut point s'y tromper : ces conférences sont peu nombreuses et ne sont suivies, étant purement facultatives, que par un nombre infime d'étudiants.

c'est là une comparaison qui ne porte que sur un point accessoire.

Il nous faut maintenant les comparer sur un point capital : *au point de vue de l'intensité de l'enseignement pratique.*

De l'avis de tous, l'organisation de l'enseignement pratique par la loi du 10 avril 1890 constitue une excellente innovation.

Mais, lors de la discussion de cette loi, deux opinions s'étaient fait jour au Parlement belge au sujet du caractère et de l'importance qu'il convenait de donner à cet enseignement.

L'une de ces opinions fut défendue par M. Woeste, l'autre par M. Raepsaet.

— « *L'application qu'on enseignera aux Universités,* disait M. Woeste, *qu'on me pardonne cette expression en apparence contradictoire, sera une application... théorique.*

» *La vraie application continuera à s'apprendre pendant le stage ; c'est celle qui met le candidat-notaire aux prises avec les dossiers et en rapport avec les clients ; c'est dans l'étude des dossiers, c'est dans les relations avec la clientèle que le candidat-notaire achève de se former ».*

— « Le stage est illusoire, disait de son côté M. Raepsaet. Il n'est donc plus et ne saurait plus être une initiation réelle à la pratique notariale et il incombe à l'enseignement supérieur de suppléer à son inefficacité ».

Ce dualisme se retrouve dans le corps professoral belge.

— « *Le cours d'application,* dit M. Galopin, *réalise, pour les élèves en notariat, le vœu que notre regretté collègue, Léon Houet, avait si bien exprimé dans un discours prononcé en 1880 à la distribution des prix du concours de l'enseignement supérieur ; il comble*

*l'abîme ouvert entre l'étude du droit et sa pratique, en exposant
l'application des principes à certaines hypothèses juridiques appro-
priées aux connaissances que l'élève a déjà acquises. Il a une utilité plus considérable encore : il constitue une sorte de répétition
collective des matières enseignées dans les cours théoriques. Aux
cours théoriques, l'étudiant ne peut qu'écouter ; s'il comprend mal,
le supplément d'explications dont il a besoin ne lui est pas donné ;
s'il entrevoit des objections, personne n'y répond. Dans les exercices du cours d'application, il est interrogé et il questionne ; en un
instant bien des obscurités disparaissent, bien des doutes sont
tranchés. Ces exercices, où l'élève est en communication plus immédiate avec le maître, ont cet avantage multiple d'éveiller son
esprit, de l'initier à l'art d'étudier, de lui faire prendre goût au
travail personnel, de lui faire voir l'intérêt que ses études présentent, en lui montrant la vie même du droit. Le cours d'application
est donc, en quelque sorte, un complément des cours théoriques destiné à en assurer le succès. Il remplace pour nos élèves les conférences que les agrégés font en France dans les Facultés de droit.*

» *Les cours théoriques et les leçons d'application scientifique des
Universités ne suffiront jamais pour former un bon notaire. Le stage
est le complément nécessaire, indispensable, des études universitaires.*

» *Il est impossible, alors même qu'on aurait subi les examens de
docteur en droit et de candidat-notaire avec la plus grande distinction, de remplir d'une manière convenable les fonctions de
notaire, si l'on n'a fait au préalable un stage sérieux. Il faut au
notaire l'expérience et la pratique des affaires, et celles-ci ne
s'acquièrent que pendant la cléricature* » (1).

— « La pratique notariale, réplique M. Maton, peut s'acquérir
dès l'Université...

» Et le cours pratique a, sur le stage, cette importante supériorité
qu'il initie l'aspirant à l'application, non pas uniquement des quelques cas qu'il aurait eu l'occasion de rencontrer dans l'étude, mais
de tous les cas qui résultent des lois et de la jurisprudence ; en effet
le cours de pratique prend le code civil et les autres lois corps à

---

(1) Discours sur la *Réforme du notariat*, p. 31 et 32.

corps, depuis les premiers articles jusqu'aux derniers, en rapprochant chaque article des dispositions fiscales qui le gouvernent et en approfondissant le tout jusqu'à ce que la lumière soit faite sur la difficulté. Cet ordre scientifique offre encore sur le stage dont les études sont accidentelles, hachées par conséquent, l'avantage de s'harmoniser avec le système suivi par le professeur lors de l'enseignement des principes : chaos d'un côté, méthode de l'autre ».

Et M. Maton ajoute :

« Non seulement la pratique notariale *peut* s'acquérir dès l'Université ; mais elle le *doit*, étant données les conditions dérisoires du stage tel qu'il se fait aujourd'hui » (1).

On retrouve cette double conception de l'enseignement pratique dans le fonctionnement de la loi du 10 avril 1890.

Trois Universités : Gand, Liège et Bruxelles ont adopté la première conception. Aussi n'accordent-elles à l'enseignement pratique qu'une place secondaire. Dans les examens, l'épreuve écrite qui correspond aux cours d'application n'a pas la même importance que l'épreuve orale qui porte sur l'enseignement théorique : à Gand, l'épreuve écrite ne compte presque pas ; à Liège et à Bruxelles elle compte seulement pour un tiers.

L'Université de Louvain, au contraire, a adopté la seconde conception. Aussi donne-t-elle à l'enseignement pratique une très large place. Cet enseignement y est beaucoup plus approfondi que dans les autres Universités, et l'épreuve écrite compte autant que l'épreuve orale, soit pour une moitié, dans le résultat des examens.

De ces deux conceptions quelle est la plus juste? De ces deux systèmes quel est le meilleur?

Nous répondons sans hésiter :

---

(1) *De l'enseignement du notariat en Belgique*, p. 33 et L.

Si le stage existait en Belgique, Gand, Liège et Bruxelles auraient grandement raison de chercher principalement dans le cours d'application à éclairer la théorie, et de réserver à la cléricature le soin d'achever la formation de l'aspirant au notariat au point de vue de l'acquisition des connaissances pratiques. Car c'est bien ainsi, d'après nous, que doivent être distribués les rôles entre l'Université et l'étude du notaire.

Mais dans l'état actuel des choses, le stage étant une fiction, c'est Louvain qui nous paraît avoir organisé l'enseignement qui correspond le mieux aux besoins des aspirants au notariat. Et ces derniers sont de notre avis, puisque à elle seule l'Université de Louvain compte autant d'étudiants en notariat que les trois autres Universités réunies.

CHAPITRE II

De la règlementation du stage et de l'établissement d'un examen professionnel.

Publicistes, membres du Parlement, notaires et clercs s'accordent à reconnaître, nous l'avons vu, qu'en Belgique le stage est illusoire.

Nul n'en demande la suppression : de l'avis de tous, le stage doit donc être maintenu.

Mais tandis que les uns ne lui accordent qu'une importance secondaire et se consolent assez facilement de son abandon, les autres le considèrent comme le complément indispensable de l'éducation juridique du jeune clerc et demandent sa réglementation rigoureuse.

« L'enseignement pratique de l'Université, prétenden t les premiers, offre sur celui du stage une double supériorité : il est plus complet et plus méthodique ».

Aussi assignent-ils au stage un rôle des plus modestes.

— « Aux Universités, disent-ils, le devoir d'enseigner, en même temps que les principes, l'art de leur combinaison et de leur application générale...

» Au stage l'exécution matérielle, mécanique des travaux de l'étude, la manutention en un mot ».

— « *Nous croyons*, répliquent les seconds, *que le stage est autre chose qu'une exécution matérielle, mécanique, des travaux de l'étude.*

» *La pratique enseignée dans l'Université aplanira les premières difficultés de la carrière en en préparant les voies. Mais, pour nous servir des expressions de M. Woeste, la vraie application continuera à s'apprendre pendant le stage...*

» *Le stage, quoi qu'en pensent certains esprits, est et restera toujours la pierre de touche des connaissances notariales, à la condition qu'il soit réel, sévère et efficace* ».

Aussi ces derniers réclament-ils avec instance :

1° Une nouvelle et très sérieuse réglementation du stage ;

2° L'établissement d'un examen professionnel.

Cet examen qui serait subi devant un jury gouvernemental formé de magistrats, de fonctionnaires de l'enregistrement et de notaires, aurait pour unique but de permettre de constater les connaissances pratiques que le stage aurait fait acquérir (1).

---

(1) Voir le discours de M. Galopin, sur *la Réforme du Notariat*, p. 35.

— *La Fédération des candidats-notaires de Belgique,* dans son Assemblée générale du 16 juillet 1893, a arrêté définitivement le texte d'un projet de réforme qu'elle vient d'adresser à la législature, ainsi qu'aux Chambres de notaires dont elle sollicite l'appui.

Nous estimons que ces derniers ont raison.

Les cours les plus savants et les plus techniques seront toujours, selon nous, impuissants à former un notaire. Pour se rompre aux difficultés de sa profession, l'aspirant au notariat doit joindre à l'enseignement de l'Université la pratique assidue des affaires au milieu des réalités de la vie. Le stage est le complément nécessaire de l'École.

Voici, sur les deux points qui nous occupent, les dispositions de ce projet :

I. *Réglementation du stage.*

Art. 3. — Le temps de travail ou stage sera de six années entières et non interrompues, chez un notaire belge.

Ce stage ne pourra compter que depuis la date du diplôme de candidat-notaire.

Art. 4. — Nonobstant stage complet, l'aspirant devra justifier avoir été clerc de notaire pendant au moins 24 mois consécutifs, endéans les trois années précédant la vacance.

Art. 5. — Ne seront considérées ni comme interruption ni comme suspension de stage, les absences pour cause de maladie ou de congés ne dépassant pas ensemble trois mois par an.

Seront considérés comme simples suspensions de stage :

a) Les absences pour cause de maladie dûment constatée, dépassant trois mois ;

b) Le temps de travail, dûment constaté, passé dans l'administration de l'enregistrement ;

c) Toute cessation de travail ne dépassant pas six mois, si elle est motivée par cette circonstance que le candidat, qui aura quitté une étude, n'aura pu trouver une nouvelle place de clerc. Le délai de six mois pourra être prorogé par la Chambre de discipline.

Art. 6. — Le temps de travail ou stage ne pourra être justifié que par l'inscription au registre de stage, tenu à cet effet à la Chambre de discipline de chaque arrondissement.

Pour faire courir le temps de stage, l'aspirant présentera au

Un notaire des plus distingués, M. Rémy, de Liège, a écrit quelque part :

« *Les cours de pratique sont au notariat ce que la clinique enseignée et pratiquée au chevet des malades est à la médecine* ».

Tout en trouvant cette comparaison ingénieuse, je me permettrai de faire observer qu'elle n'est pas absolument exacte.

---

secrétaire de la Chambre de discipline la déclaration du notaire qui l'admet dans son étude.

Le stage ne pourra remonter à plus de trois mois de la date de l'inscription et celle-ci ne sera admise qu'à l'âge de dix-sept ans.

Les inscriptions au registre de stage seront signées par le secrétaire de la Chambre et par l'aspirant.

Les notaires adresseront par écrit, dans le mois, au secrétaire de la Chambre, la déclaration des mutations ou changements opérés parmi les clercs de leur étude.

Les radiations faites à la suite de ces déclarations seront immédiatement notifiées aux clercs intéressés par lettre recommandée à la poste, adressée au dernier domicile connu.

Art. 7. — Les notaires devront adresser tous les ans, dans la première quinzaine du mois de janvier, à la Chambre de discipline de leur ressort, un tableau des clercs attachés à leur étude, dressé dans la forme à déterminer par le Gouvernement.

Art. 8. — Le tableau général de tous les candidats-notaires portés au registre de stage de chaque arrondissement sera publié, par les soins de la Chambre de discipline, avant le 31 janvier, et affiché au greffe du tribunal civil. Un exemplaire de ce tableau sera adressé au Ministre de la Justice, au Président du tribunal de première instance, au Procureur du Roi et à chaque notaire de l'arrondissement.

Art. 9. — Les Chambres de discipline seront spécialement chargées de vérifier l'exactitude des inscriptions faites aux tableaux de stage.

Art. 10. — Les inscriptions reconnues irrégulières seront de nul effet, et les candidats à qui elles auraient bénéficié pourront

Dans le cours de pratique, de deux choses l'une :

Ou bien le maître étudie avec ses élèves une espèce dont il a forgé l'ensemble et les détails;

Ou bien il leur explique une affaire qui s'est passée dans la vie réelle, qui est terminée et dont il dépouille le dossier.

être condamnés à la suppression d'une partie de leur stage antérieur, pour un terme qui ne pourra excéder deux ans.

Les notaires qui auront délivré les certificats en vertu desquels ces inscriptions auront été faites, ou qui auront omis de faire opérer les radiations, pourront être condamnés aux peines disciplinaires ordinaires et même à trois mois de suspension en cas de récidive.

Il sera procédé contre les clercs dans les mêmes formes que celles prescrites à l'égard des notaires par les lois actuellement en vigueur.

II. *Établissement d'un examen professionnel.*

ART. 11. — Le titre de premier clerc résultera d'un examen exclusivement pratique.

Seront seuls admis à cet examen les candidats-notaires ayant quatre années du stage prescrit par l'article 3 ci-dessus.

ART. 12. — Il sera institué, au chef-lieu de chaque province, un jury chargé de cet examen.

Il sera composé d'un magistrat de la cour d'appel ou du tribunal de 1re instance, d'un fonctionnaire de l'enregistrement, tous les deux à désigner par le Gouvernement, et de trois notaires délégués par les Chambres de discipline de la province, et pris au sein de ces Chambres.

Les Chambres des provinces de Limbourg et de Namur, où il n'existe que deux arrondissements judiciaires, délégueront alternativement un et deux notaires.

Dans la Flandre occidentale où il existe quatre arrondissements judiciaires, les Chambres s'abstiendront à tour de rôle pour la désignation d'un délégué.

Dans le premier cas, c'est une pièce anatomique qu'il démonte devant eux.

Dans le second cas, c'est une dissection qu'il opère en leur présence.

Les cours de pratique ne peuvent être au notariat que ce que l'enseignement de l'amphithéâtre est à la médecine.

La clinique notariale ne peut être enseignée et pratiquée qu'en face d'une réalité vivante, c'est-à-dire pendant le stage et par le contact avec les clients.

CHAPITRE III

Des réformes relatives au mode de nomination.

Ainsi que nous l'avons constaté, deux graves abus se sont glissés en Belgique dans les nominations notariales : l'abus des influences politiques et celui de la.vénalité occulte.

Le jury se réunira chaque année dans la première quinzaine d'avril.

Art. 13. — L'examen sera public, oral et écrit, texte des lois en mains.

Il comprendra l'application et la combinaison des lois civiles, notariales et fiscales et autres se rattachant au notariat, la préparation et la discussion des affaires, la rédaction des actes et spécialement des ventes, constitutions d'hypothèques, contrats de mariage, donations, testaments, inventaires, liquidations et partages.

Pour le surplus, un arrêté royal déterminera la date et la durée de l'examen, le mode de procéder, la rétribution à payer par le récipiendaire et l'indemnité à laquelle auront droit les membres du jury.

C'est là une situation fâcheuse qui appelle une réforme immédiate. L'accord est unanime sur ce point.

Toute la question est de savoir comment cette réforme peut être réalisée, en quoi elle doit consister.

D'après M. Maton, le meilleur mode de nomination serait le mode de *nomination au concours*, en vigueur en Espagne, où l'aspirant est soumis à un examen-concours indépendant de l'examen subi pour l'obtention des grades académiques. Cet examen-concours théorique et pratique a lieu entre les divers solliciteurs d'une place vacante, et le Ministre de la justice doit faire son choix parmi les trois lauréats proclamés par le jury (1).

La Fédération des candidats-notaires de Belgique, d'autre part, propose la *nomination par le Roi sur présentation de deux listes de trois candidats formées l'une par le Tribunal de première instance et l'autre par la Chambre des notaires* (2).

---

(1) *De l'enseignement du notariat en Belgique*, p. XLVII.

(2) Voici sur ce point le texte du projet de réforme adopté par la Fédération dans son assemblée du 16 juillet 1893 et soumis par elle à la législature et aux Chambres de discipline :

ART. 14. — Les notaires seront nommés par le Roi, et obtiendront de lui une commission qui énoncera le lieu fixe de la résidence.

ART. 15. — Les nominations seront faites sur deux listes triples présentées l'une par le Tribunal de première instance, l'autre par la Chambre de discipline de l'arrondissement où se trouve la place à conférer.

Les candidats portés sur une liste pourront également être portés sur l'autre.

Les présentations seront motivées, et dans les motifs il sera tenu compte de l'ancienneté des aspirants, tant au point de vue du stage que du diplôme.

C'est le système imaginé par la Commission extra-par
lementaire de 1848.

M. Galopin n'est partisan ni de l'un ni de l'autre de
ces modes de nomination.

« Demander, dit-il, l'établissement du concours comme en Espagne où le gouvernement est tenu de nommer un des trois candidats
proposés par le jury, serait chose vaine dans l'état de nos mœurs
politiques. Aucun ministre ne consentirait à abdiquer à peu près
complètement une prérogative aussi importante que celle du choix
des notaires.

» Il faut bien dire d'ailleurs que le concours peut révéler les plus
habiles, mais non les plus honnêtes, et que la moralité et la probité
sont plus nécessaires encore dans le notariat que la science et l'habileté. Comment écarter du concours les postulants d'une moralité
douteuse, mais qui n'ont jamais subi de condamnation pénale? Ne
voit-on pas les immenses dangers d'une décision spéciale et publique
du jury sur la moralité des candidats? L'exclusion du concours
deviendrait une note d'infamie infligée sans aucun débat contradictoire, sans aucune des garanties des sentences judiciaires !

» Le système imaginé par la Commission extra-parlementaire de

---

Elles seront rendues publiques au moins quinze jours avant la
nomination.

Art. 16. — Lorsqu'il y aura plusieurs places vacantes dans un
même arrondissement et qu'elles seront sollicitées par de mêmes
aspirants, les présentations devront être faites de telle manière
que le Gouvernement conserve, après chaque nomination, un choix
entre au moins trois candidats.

Art. 17. — Les requêtes aux fins de nomination seront adressées au Roi dans les quinze jours des vacances rendues publiques
par la voie du *Moniteur*.

Les nominations seront faites en suivant l'ordre des vacances et
dans les trois mois de chacune d'elles.

Art. 18. — Seront admis à postuler tous les notaires en exercice et tous les candidats-notaires réunissant les conditions prescrites par la loi.

1848, nomination par le roi sur présentation de deux listes de trois candidats formées l'une par le tribunal de première instance, l'autre par la Chambre des notaires, gènerait encore singulièrement l'action du gouvernement et n'aurait aucune chance d'être accueillie par lui.

» Les avantages de ce système sont d'ailleurs beaucoup plus apparents que réels. Nul plus que nous n'a de confiance dans la haute impartialité de la magistrature belge, mais encore faudrait-il que le tribunal fût en état de se former une opinion mûrie sur le mérite des candidats. Or, les juges de nos tribunaux n'ont aucun rapport avec les clercs de notaire, ils n'ont aucune occasion de les apprécier. Quant à la présentation par la Chambre des notaires, elle ne nous inspirerait que de la méfiance ; l'esprit de clocher, les camaraderies personnelles et le népotisme sont plus à craindre encore que les passions politiques. Arbitraire pour arbitraire, nous préférons celui d'un ministre qui passe, à celui d'une coterie qui reste! »

Et M. Galopin arrive à la conclusion suivante :

Il n'y a vraiment qu'un système qui puisse l'emporter actuellement : c'est celui du *libre choix du gouvernement parmi tous les clercs qui auraient obtenu le grade de docteur en droit et qui en outre auraient subi avec succès un examen professionnel à la suite d'un stage effectif* (1).

____

(1) Discours sur la *Réforme du notariat*, p. 33 à 35.

SYSTÈME PROPOSÉ

Avant d'exposer le système qui nous paraît être le plus efficace pour élever l'institution notariale au niveau que lui assigne l'importance de son rôle social, il nous faut faire une observation capitale : dans la conception de ce système nous nous sommes placé, *non pas au point de vue français*, mais *uniquement*, *exclusivement au point de vue belge ;* nous avons tenu compte, non seulement des idées et des aspirations qui se manifestent en Belgique, mais encore et surtout de la législation et des mœurs notariales actuellement en vigueur dans ce pays.

§ Ier. ENSEIGNEMENT NOTARIAL

I. *Conditions d'entrée à l'Université.* — Les conditions d'entrée à l'Université sont actuellement les mêmes pour les étudiants en notariat que pour les étudiants en droit. Les uns et les autres doivent justifier par un certificat qu'ils ont suivi un cours complet d'humanités, ou à défaut subir un examen portant sur les matières qui composent l'enseignement des humanités.

Ces conditions d'admission à l'Université doivent être rigoureusement maintenues. Le législateur de 1890 a eu grandement raison d'exiger ces garanties et d'assimiler sur ce point les étudiants en notariat aux étudiants en droit.

II. *Études supérieures préparatoires.* — Malheureusement il n'a pas poussé plus loin l'assimilation. Tandis que les étudiants en notariat peuvent commencer leurs études juridiques dès leur entrée à l'Université, les étudiants en droit sont obligés, avant d'aborder ces études, de consacrer dans l'Université deux années à l'obtention du titre de candidat en philosophie et lettres.

Tandis que le séjour des candidats-notaires à l'Université est de trois ans seulement, celui des docteurs en droit se trouve, par suite de la nécessité de ces études préparatoires, porté à cinq ans.

Il est indispensable que les étudiants en notariat et que les étudiants en droit soient sur un pied de parfaite égalité. Il est temps que les candidats-notaires cessent d'être considérés comme les pharmaciens du droit.

Pour cela, il faut que le séjour des candidats-notaires à l'Université soit de cinq ans comme le séjour des docteurs en droit.

Comment ces cinq ans vont-ils être utilisés ?

Dans le système de la loi de 1890, sur les cinq ans d'études supérieures imposées aux docteurs en droit, deux années sont consacrées, nous l'avons dit, à la philosophie et aux lettres, et trois années seulement au droit.

Le législateur eût été mieux inspiré en exigeant qu'une seule année fût consacrée à la philosophie et aux lettres et que quatre années fussent réservées aux études juridiques.

C'était ce que réclamaient les juristes à l'époque de la discussion de la loi de 1890.

Nous demandons, disaient-ils, que dans les Facultés de philosophie et lettres on cesse de confondre deux catégories bien distinctes d'étudiants : ceux qui visent à un doctorat en philosophie, en histoire ou en philologie d'une part, les aspirants au droit d'autre part.

Les premiers échappent à notre compétence, et nous ne demandons pas mieux que de voir le législateur organiser pour eux l'enseignement le plus scientifique et le plus complet, suivant les vœux de la Faculté de philosophie.

Quant aux étudiants pour qui le passage dans cette Faculté n'est qu'une préparation aux études juridiques, nous estimons qu'une année de philosophie, comme en France, leur suffit certainement, que les obliger à deux années d'études préparatoires au droit, c'est leur faire perdre du temps, c'est favoriser leur paresse, c'est dans tous les cas les contraindre à des études dont ils n'ont ni cure, ni souci, ni besoin.

Si vous les obligez, ajoutaient-ils, à suivre des cours absolument étrangers au but qu'ils poursuivent, ils recevront ces leçons, pour nous servir des expressions de M. Edmond Picard, comme un caniche à qui l'on impose un bain, qui le subit patiemment mais non sans humeur, puis se secoue et s'enfuit (1).

Nonobstant ces raisons péremptoires, sur la demande persistante des Facultés de philosophie et lettres, les deux années d'études préparatoires furent maintenues. Les juristes furent sacrifiés aux philosophes.

Nous sommes d'avis qu'il y a lieu de donner satisfaction aux juristes : ils sont plus compétents que les philosophes sur la question de savoir ce qu'il convient de connaitre de la philosophie et des lettres pour faire le droit avec fruit.

---

(1) *Des programmes surannés dans l'enseignement du droit*, par un ancien étudiant (M. Albert Nyssen), *passim*.

Qu'une seule année soit donc consacrée à la philosophie et aux lettres par ceux qui se destinent au doctorat en droit, et que cette année d'études préparatoires soit également obligatoire pour les étudiants en notariat.

Dans le programme de cette année d'études préparatoires rentrerait le cours de philosophie morale.

Assimilation complète serait donc établie entre les aspirants au doctorat en droit et les aspirants au notariat jusqu'au seuil des études juridiques.

III. *Études juridiques.* — En ce qui concerne les études juridiques elles-mêmes, l'assimilation ne devrait, selon nous, persister qu'au point de vue de la durée de ces études.

Cette durée devrait être de quatre années entières pour les étudiants en notariat de même que pour les étudiants en droit ; mais ce n'est pas un programme identique qui devrait être imposé à ces deux catégories d'étudiants.

En d'autres termes, nous ne sommes pas partisan du système qui exigerait, pour l'admission aux fonctions notariales, l'obtention du titre de docteur en droit.

Ce système a sans doute le mérite d'être simple ; mais il a, d'après nous, le grave inconvénient d'imposer aux futurs notaires des études dont ils n'ont ni cure ni besoin.

Le champ départi à l'activité du jeune homme qui se destine au notariat est certes assez vaste pour absorber toute son énergie. N'allons pas l'obliger à cultiver des parcelles d'un domaine étranger. Évitons le surmenage et, conformément à la tendance qui se révèle en France depuis quelques années, spécialisons les études si nous voulons les rendre vraiment fortes.

Partant de ce principe, nous séparerons nettement au début des études juridiques les aspirants au notariat des aspirants au doctorat en droit.

Nous n'aurons plus désormais à nous occuper de ces derniers.

Examinons donc uniquement le programme spécial qu'il convient d'imposer aux étudiants en notariat.

Première année d'études juridiques.

Le programme de cette première année devrait être exclusivement théorique. Il devrait comprendre :

1° *L'histoire du notariat et la législation comparée sur le notariat contemporain;*

2° *L'encyclopédie du droit;*

3° *Le droit naturel;*

4° *Les Institutes du droit romain avec les notions historiques nécessaires;*

5° *L'introduction historique au cours de droit civil.*

Le cours d'histoire du notariat et de législation comparée sur le notariat contemporain aurait pour but d'initier les futurs notaires au rôle social qu'a joué dans la suite des siècles et que joue actuellement chez les divers peuples la profession à laquelle ils se destinent. Il aurait pour résultat de la leur faire mieux connaître, de leur permettre d'en apprécier toute l'importance et, par suite, de leur apprendre à l'estimer et à l'aimer.

Le cours d'encyclopédie du droit leur donnerait une idée générale de l'ensemble de la science juridique et leur permettrait de mieux déterminer dans ce tout les parties dont la connaissance leur est indispensable pour l'exercice de leur future profession.

Le droit naturel élèverait les pensées, élargirait les horizons, développperait le sens moral de ces jeunes gens qui se destinent à une carrière où la probité, la délicatesse et l'honneur tiennent une si large place et dans laquelle il est si nécessaire d'apporter des idées saines et des vues désintéressées.

Le cours d'Institutes du droit romain avec les notions historiques nécessaires doit être inscrit au programme. Nous n'ignorons pas que certains considèrent comme superflue pour le notaire l'étude du droit romain.

Nous ne sommes certes pas pour le romanisme à outrance, loin de là; comme MM. Van Wetter et Nyssens en Belgique, comme les professeurs Sohm et Lorenz von Stein en Allemagne, nous pensons que l'enthousiasme pour le droit romain ne doit pas être poussé jusqu'au lyrisme, qu'il importe même de réagir énergiquement contre des idées tyranniques et trop longtemps dominantes qui, sous prétexte que le droit romain est le droit modèle, lui ont donné aux dépens du droit moderne une place envahissante dans l'enseignement supérieur.

Mais nous entendons que le notaire soit un vrai jurisconsulte et non un praticien vulgaire.

Pour nous servir des expressions de l'éminent recteur de l'Université de Liège, nous voulons le soustraire à la tutelle des avocats.

Et nous pensons que pour arriver à ce résultat, le futur notaire doit commencer ses études juridiques par le droit romain.

— « *La science du droit*, dit Laurent, *est une logique; l'esprit juridique demande un raisonnement rigoureux; il est bon, il est nécessaire de cultiver cette faculté et le meilleur moyen c'est d'initier les élèves au droit, en leur enseignant les déductions mathématiques des jurisconsultes romains. Il en est du droit romain comme des langues grecque et latine. A notre avis, on aurait tort de les ban-*

nir de l'enseignement : elles sont un admirable instru-
ment de culture intellectuelle. De même le droit romain
forme et développe l'esprit juridique mieux que ne le fait
l'étude du droit moderne » (1).

— « *Le droit romain*, dit à son tour M. Nyssens, *est
remarquable par sa logique, sa subtilité, sa précision. Les
juristes romains étaient des maîtres dans l'art de déduire
les conséquences les plus rigoureuses et les plus logiques
des principes, ceux-ci fussent-ils les plus faux. Ils savaient aussi bien se livrer à mille subtilités, forger les plus
ingénieuses fictions pour échapper à certaines conséquences trop manifestement contraires à l'équité, ce qui
faisait d'eux de remarquables casuistes. En possession
d'une langue aussi souple qu'expressive, ils savaient énon-
cer clairement ce qu'ils concevaient bien, en des formules
qui sont restées, à cause de leur admirable précision, les
axiomes de la science du droit. Au point de vue de la formation du sens juridique, de la gymnastique intellectuelle, non moins que pour la connaissance de certaines
règles fondamentales de la science, l'étude du droit romain
apparaît comme très utile »* (2).

Un cours d'Institutes avec les notions historiques nécessaires doit donc figurer au programme. Dans ce cours,
le professeur ne fera qu'effleurer les droits de famille,
le droit successoral, la procédure qui répondent à un
état social entièrement disparu, mais il insistera sur les
parties qui se rapprochent du droit moderne, telles que
la possession, les droits réels, les obligations.

---

(1) *Patria Belgica*, t. II, p. 564.
(2) *Des programmes surannés dans l'enseignement du droit*,
p. 27.

Le droit romain formera ainsi la base de l'enseignement du droit civil.

Le cours d'introduction historique au droit civil rattachera le présent au passé, le droit civil actuel au droit romain des Institutes.

Tel sera le programme de la première année, programme purement théorique comprenant la partie purement spéculative du droit. Il aura pour but et pour résultat d'élever les idées du futur notaire, de lui inspirer l'estime de sa profession, d'orner son intelligence et de former en lui le sens juridique.

A partir de ce moment là les études du futur notaire devront revêtir un caractère utilitaire et professionnel, c'est-à-dire qu'elles ne devront porter que sur les matières qui présentent une utilité directe et immédiate pour sa future profession. Nous sommes, en effet, partisan convaincu, nous le répétons, de la spécialisation des études, et nous estimons qu'il est préférable que les étudiants, au lieu d'éparpiller leurs efforts pour acquérir des connaissances superficielles sur des matières étrangères à la science notariale, concentrent ces efforts exclusivement sur les parties du droit qui se rattachent à cette science.

Nous composerons donc de la façon suivante le programme des trois dernières années d'études :

Deuxième année d'études juridiques.

1° Eléments du droit civil ;
2° Lois organiques du notariat ;
3° Dispositions du Code pénal concernant les fonctionnaires publics ;

4° *Application de ces matières et rédaction d'actes sur ces matières.*

Troisième année d'études juridiques.

1° *Droit civil (livres I, II; et livre III, tit. 1, 2, 3 et 4 du Code civil : art. 1 à 1386);*

2° *Lois particulières qui régissent la capacité et les biens des établissements publics, législation sur les aliénés, dispositions des règlements sur la dette publique, règlements sur la Caisse des dépôts et consignations;*

3° *Lois de procédure civile relatives à l'ouverture des successions, à l'exécution forcée des jugements et des actes, aux saisies-arrêts, aux saisies-exécutions, à la saisie des fruits pendants par racines, à la distribution par contribution, à la saisie immobilière, à l'ordre et à la saisie des rentes;*

4° *Application de ces matières et rédaction d'actes sur ces matières.*

Quatrième année d'études juridiques.

1° *Droit civil (livre III, tit. 5 et suiv. du Code civil : art. 1387 à dernier);*

2° *Droit commercial dans ses rapports avec le notariat;*

3° *Droit international privé dans ses rapports avec le notariat;*

4° *Lois fiscales se rattachant au notariat (droits d'enregistrement, de succession, de timbre et d'hypothèque);*

5° *Application de ces matières et rédaction d'actes sur ces matières.*

On remarquera que d'après notre programme les étudiants en notariat doivent, suivant la méthode actuellement usitée à Bruxelles, voir deux fois le Code civil. Une première fois ils en étudient l'ensemble, une seconde fois ils en scrutent les détails.

Cette méthode semble répondre, ainsi qu'on l'a fait remarquer (1), à une tendance naturelle de l'esprit, à une nécessité de l'enseignement. « Nous aimons dans nos » études, dit M. Testoud (2), avoir tout d'abord une notion » d'ensemble du sujet et commencer par des notions » simples et certaines, pour n'arriver qu'ensuite et insen- » siblement à des théories plus abstraites et plus dou- » teuses. Cette tendance existe surtout chez l'étudiant » qui pourrait être rebuté dès la première entrevue par » une science dont les abords n'ont rien d'engageant. Il » importe surtout de ne pas l'effrayer par des controver- » ses qui peuvent le mettre en défiance et incliner son » intelligence vers le doute. Mieux vaut à coup sûr lui » proposer quelques principes incontestés qui seront la » base de ses connaissances futures et serviront de point » d'appui à ses raisonnements personnels ».

Dans le cours d'éléments du droit civil, le professeur se bornera à exposer des idées générales, des notions simples et certaines, dégagées des difficultés et des détails. Il ne donnera que les notions fondamentales, celles qui sont indispensables parce qu'elles ont la valeur de principes, qu'elles étendent au loin le domaine de leurs conséquences et qu'elles sont comme les assises mêmes de la science du droit.

Dans le cours de droit civil des troisième et quatrième

---

(1) *Précis de droit civil* de M. Baudry-Lacantinerie, préface, p. III.

(2) *Revue critique de législation et de jurisprudence*, 1884, p. 633.

années, le professeur, après avoir rappelé très rapidement les notions-principes, exposera des notions d'un autre ordre, questions de détail, controverses, données historiques, dont la connaissance, sans être nécessaire au même degré, est cependant très utile (1).

Si nous voulons que l'aspirant au notariat étudie ainsi d'une façon plus spéciale et plus approfondie le droit civil, c'est que le droit civil est son domaine propre ; « il » doit le cultiver profondément, s'y adonner tout entier, » y consacrer tout son temps et tous ses efforts ».

— *« Sans doute*, fait observer M. le conseiller Dupond, *si on se place à un point de vue général, il y a lieu de convenir qu'il faut au magistrat une instruction plus large, des connaissances plus vastes, plus étendues qu'au notaire. M. Dufaure disait : « Le droit comprend tout et, » pour le bien comprendre, il faut tout comprendre ». A la lumière de ces paroles, on peut entrevoir l'étendue des connaissances nécessaires au magistrat.*

» Mais si on se place sur le terrain spécial du Code civil, je n'hésite pas à dire, bien que cette appréciation puisse paraître au premier abord quelque peu paradoxale, que, plus encore que de l'avocat ou du magistrat, on doit

---

(1) Voir la préface du *Précis de droit civil* de M. Baudry-Lacantinerie, *passim*.

Dans le *Précis de droit civil* de M. Baudry-Lacantinerie, une différence typographique met en relief, rend saisissante cette distinction entre les deux catégories de cours.

Les notions-principes qui feront l'objet du cours d'éléments du droit civil (2e année) sont imprimées en gros caractères ; les autres, celles qui seront comprises en même temps que les notions-principes dans les cours de droit civil de 3e et de 4e années, sont imprimées en caractères plus fins.

exiger du notaire de profondes connaissances juridiques, que, plus encore que l'avocat ou le magistrat, le notaire a constamment besoin de connaissances approfondies en ce qui concerne le droit civil proprement dit ».

— « *Pour le bien de la société,* affirme-t-il encore, *pour le bien du notariat, pour le bien de chacun de nous, une connaissance approfondie du droit civil est indispensable au notaire encore plus, si c'est possible, qu'au magistrat. Si, comme le disaient les grands jurisconsultes romains, ceux qui se vouent au culte, à l'application du droit, exercent une sorte de sacerdoce, il faut dire qu'en ce qui concerne le droit civil proprement dit, les notaires en sont les véritables pontifes* » (1).

Tandis que, pendant la première année, les études juridiques sont purement spéculatives et que l'enseignement est exclusivement théorique, pendant les trois dernières années, ces études revêtent, nous venons de le voir, un caractère utilitaire et professionnel, et l'enseignement est tout à la fois théorique et pratique.

L'enseignement est théorique et pratique ; mais il faut bien s'entendre sur l'importance respective qu'il convient de donner à ces deux sortes d'enseignements.

Hâtons-nous de dire que la prépondérance doit incontestablement appartenir à l'enseignement théorique. La théorie, en effet, est la base de la pratique.

L'enseignement pratique devra avoir pour but principal d'éclairer la théorie et pour but secondaire de préparer au stage.

Que cet enseignement consiste donc en des cours d'ap-

---

(1) *Compte-rendu de la distribution solennelle des récompenses de l'École de notariat de Bordeaux du 28 juillet 1893,* p. 12 et 14.

plication et de rédaction d'actes, mais qu'il ne comprenne point des cours de pratique notariale.

Il faut en définitive s'appliquer à l'Université, non pas uniquement, mais principalement, à faire de l'étudiant en notariat un parfait théoricien, un vrai jurisconsulte.

Tout le reste de sa vie doit être consacré à la pratique.

Qu'il acquière donc à l'Université d'une façon complète les connaissances théoriques qu'il n'aura pas le temps plus tard de s'approprier; qu'il forme là son esprit juridique pour se soustraire à la tutelle des avocats;

Et qu'il soit seulement initié aux éléments de la pratique, de façon à pouvoir commencer son stage avec fruit.

Pour arriver à ce résultat, quelle est la méthode d'enseignement qui devra être suivie? C'est sans aucun doute celle qui, au lieu de laisser l'étudiant constamment livré à lui-même, l'astreint à un travail personnel continu.

IV. *Examens universitaires.* — Les examens seront subis à la fin de chacune des quatre années soit devant le jury d'Université, soit devant le jury central.

L'examen de la première année sera exclusivement oral. Il sera purement théorique.

L'examen de chacune des trois dernières années sera écrit et oral.

L'épreuve orale portera sur l'enseignement théorique et l'épreuve écrite sur l'enseignement pratique.

La partie orale comptera pour trois quarts, et la partie écrite, seulement pour un quart, dans le résultat définitif.

A ceux qui auront subi avec succès le dernier examen nous proposerions de décerner un titre qui placerait les récipiendaires au même niveau que les étudiants en droit pourvus du diplôme qui couronne leurs études.

Ce titre serait celui de *docteur en notariat.*

§ II. Stage

1. *Règlementation du stage.* — Le stage ne pourra commencer que lorsque l'étudiant sera sorti de l'Université, après avoir conquis le titre de docteur en notariat.

Le travail chez le notaire marcherait, en effet, difficilement de pair avec les études à l'Université. Permettre que ces études et le stage fussent menés de front serait compromettre le stage ou les études et peut-être les deux.

L'enseignement théorique et l'enseignement d'application étant organisés d'une façon très sérieuse et très complète, la durée du stage devrait être réduite à quatre années.

Mais pendant ces quatre années il faudrait qu'une assiduité quotidienne fût exigée des clercs. Au pouvoir législatif il appartiendrait d'édicter à cet égard les mesures nécessaires (1).

Car si les cours d'application initient les jeunes gens aux éléments de la pratique et ont pour résultat d'aplanir les difficultés de la cléricature, c'est pendant la clé-

---

(1) L'art. 42 de la loi du 25 ventôse an XI permet au Gouvernement de dispenser du stage les individus qui ont exercé des fonctions administratives ou judiciaires.

Cet art. 42 avait été introduit dans la loi uniquement pour donner au Gouvernement de nouveaux moyens de récompense en faveur des administrateurs et des juges qui, après cette longue période de troubles et de révolution, avaient aidé au rétablissement de l'ordre social.

Cette disposition exceptionnelle était considérée comme essentiellement transitoire. Elle est cependant toujours en vigueur.

Elle n'a plus aujourd'hui de raison d'être et son abrogation s'impose.

ricature seulement que peut et que doit s'apprendre la vraie pratique des affaires.

Il importe donc au plus haut degré que le stage soit effectif.

II. *Cours de pratique notariale.* — Mais comme le stage lui-même présente des lacunes et que le notaire n'a pas toujours le temps de compléter l'éducation professionnelle de ses clercs, une fois par semaine pendant ces quatre années de cléricature devraient être faits des cours non plus d'application, mais de pratique notariale.

Ces cours devraient être organisés gratuitement par les Chambres de discipline et confiés à des praticiens expérimentés.

III. *Examens de cléricature.* — A la fin de chacune des quatre années de cléricature un examen exclusivement pratique, écrit et oral, devrait être passé, au chef-lieu de chaque Cour d'appel, devant un jury composé de magistrats de ia cour, de fonctionnaires de l'enregistrement et de trois notaires délégués par les Chambres de discipline du ressort.

Le notaire dans l'étude duquel travaillerait le stagiaire serait tenu d'envoyer à ce jury, avec des notes d'assiduité, son appréciation personnelle sur les aptitudes de son clerc.

Les examens seraient naturellement d'une difficulté croissante.

Pour être admis à passer dans la deuxième, dans la troisième ou dans la quatrième année de cléricature, le stagiaire devrait avoir préalablement subi avec succès le premier, le deuxième ou le troisième examen.

Après le quatrième examen, le stagiaire recevrait le titre de *candidat-notaire.*

C'est à partir de ce moment-là seulement, en effet, qu'il réunirait toutes les qualités requises pour poser sa candidature aux fonctions notariales.

§ III. MODE DE NOMINATION

De l'avis de tous, il importe au plus haut point de supprimer radicalement les deux graves abus qui se sont glissés dans les nominations notariales : l'influence politique et la vénalité occulte.

Pour arriver à ce résultat, il y a un moyen tout indiqué : l'établissement du concours.

M. Galopin fait à ce système deux objections :

La première est tirée uniquement de la difficulté de réaliser cette réforme.

« Demander, dit-il, l'établissement du concours » comme en Espagne, où le gouvernement est tenu de » nommer un des trois candidats proposés par le jury, » serait chose vaine dans l'état de nos mœurs politiques ; » aucun ministre ne consentirait à abdiquer à peu près » complètement une prérogative aussi importante que » celle du choix des notaires ».

La seconde objection touche à la valeur même de la réforme.

« Il faut bien dire d'ailleurs, ajoute-t-il, que le con- » cours peut révéler les plus habiles, mais non les plus » honnêtes, et que la moralité et la probité sont plus » nécessaires encore dans le notariat que la science et » l'habileté. Comment écarter du concours les postulants » d'une moralité douteuse, mais qui n'ont jamais subi de » condamnation pénale ? Ne voit-on pas les immenses » dangers d'une décision spéciale et publique du jury sur

» la moralité des candidats? L'exclusion du concours
» deviendrait une note d'infamie infligée sans aucun débat
» contradictoire, sans aucune des garanties des sentences
» judiciaires » (1).

On peut répondre à la première objection : Quand
M. Galopin la formulait, c'était le régime censitaire qui
était en vigueur en Belgique, et l'on comprend que le
Gouvernement disposant des nominations notariales
n'était pas prêt à abdiquer cette prérogative, puisqu'elle
lui permettait de tenir dans la main une corporation
comprenant un millier d'électeurs qui, chacun dans leur
sphère, jouissaient, en raison même de leurs fonctions
sociales, d'une influence incontestable sur d'autres électeurs censitaires.

Mais depuis lors, au suffrage censitaire a été substitué
le suffrage universel tempéré. Le Gouvernement n'a plus
le même intérêt à conserver la main sur cette corporation. Il est permis dès lors d'espérer que la réforme
rencontrera moins de résistance, qu'elle sera plus facile
à réaliser.

Quant à la seconde objection, on peut y répondre
également.

En exigeant de sévères preuves de capacité, on écartera les jeunes gens sans moralité, parce que, ainsi que
le fait justement observer M. Maton (2), ceux qui aiment
l'étude et s'y consacrent ont ordinairement conservé des
principes austères ; telle est l'influence salutaire des
études.

On peut ajouter, d'autre part, que le jury ne se trou-

(1) Discours sur *la Réforme du notariat*, p. 33 et 34.
(2) *De l'enseignement du notariat en Belgique*, p. 56.

vera tenu en aucun cas de donner une décision spéciale et publique sur la moralité des candidats : il n'aura qu'à se prononcer sur la question de savoir quel sera le plus digne d'être nommé. Il pourra donc écarter celui qui lui paraîtrait d'une moralité douteuse, sans être obligé de rendre compte des motifs de sa décision.

Enfin, il importe de répondre à une troisième objection que le tribun Jaubert formulait ainsi dans son discours au Corps législatif, lors de la discussion de la loi de ventôse : « Le concours trahit souvent un talent modeste, » il peut aussi favoriser un sujet peu capable ; s'il est » vrai que le vainqueur doit avoir nécessairement quelque » talent, il ne prouve pas toujours que le vaincu n'en a » pas un supérieur » (1).

C'est la pensée que le conseiller d'Etat Réal avait exprimée sous une autre forme : « Combien d'individus, » disait Réal, pleins d'instruction, mais aussi chez qui la » timidité est égale à la modestie, donnent facilement, » dans la solitude du cabinet, la solution des questions » les plus difficiles, mais qui, transportés dans une » assemblée publique et devant des juges, ne répondent » qu'avec peine aux questions les plus simples! Combien » d'autres, au contraire, n'ayant que des connaissances » superficielles, mais armés d'une audace qui en impose, » se tirent heureusement de ces sortes d'exercices, » parce qu'ils n'ont pas plus de timidité que de mo- » destie » (2).

Ainsi que l'a écrit M. Maton (3), ces raisons sont jus-

---

(1) Discours au Corps législatif. Séance du 25 ventôse an XI.

(2) Exposé des motifs. Séance du 14 ventôse an XI.

(3) *De l'enseignement du notariat en Belgique*, p. 80.

tes, mais non décisives; car on peut protéger la modestie et la timidité, tout en adoptant le système du concours : il suffit pour cela de réserver un examen écrit durant plusieurs jours.

C'est donc la nomination par la voie du concours qui nous paraît le mode de nomination préférable (1).

Tout candidat-notaire âgé de 28 ans pourra prendre part au concours.

Un jury unique siégera à Bruxelles. Il sera présidé par un magistrat de la Cour de cassation et composé d'un haut fonctionnaire de l'enregistrement et des présidents des Chambres de notaires de Bruxelles et des chefs-lieux des Cours d'appels.

Le concours consistera exclusivement en une série d'épreuves écrites.

Ces épreuves dureront une semaine entière.

Elles porteront : une moitié sur la théorie et une moitié sur la pratique.

La théorie et la pratique compteront d'une façon égale dans l'appréciation des résultats du concours.

Ainsi sera réalisée l'alliance dont parle Demolombe : « *J'ai toujours déploré*, dit-il, *cette espèce de divorce que l'on remarque parfois entre la théorie et la pratique, et*

---

(1) Nous ne ferions d'exception que pour les fils de notaires. S'ils voulaient succéder à leur père, nous les dispenserions volontiers du concours; nous exigerions d'eux seulement qu'ils eussent obtenu le titre de *docteur en notariat* à la suite des études juridiques et celui de *candidat-notaire* à la suite des quatre années de cléricature. Cette faveur accordée aux fils de notaires serait conforme à la tradition et à la pensée des législateurs de ventôse. Grâce à elle serait conservé aux charges notariales le caractère familial qui a fait leur grandeur.

ces dédains réciproques qu'elles se témoignent si mal à propos de part et d'autre. Comme si la théorie, étrangère au progrès du temps et des mœurs, privée des enseignements de l'expérience, ne devait pas dégénérer bientôt en vaine spéculation ! Comme si la pratique, sans méthode et sans règles, n'était pas autre chose à son tour qu'une pitoyable et dangereuse routine ! Rien donc n'est plus nécessaire et plus désirable que leur alliance, pour conserver à la science du droit son caractère essentiel, pour la maintenir dans sa voie, pour la diriger enfin vers le but marqué à ses efforts, vers un but d'application utile, positive et pratique..... ad usum communis vitæ, a très bien dit Leibnitz » (1).

Dans le système espagnol, les nominations notariales se font bien par la voie du concours ; mais le Gouvernement a le choix entre trois candidats qui lui sont présentés par le jury.

Ce système permet et provoque les intrigues et les démarches pressantes auprès du Ministre de la justice. Il est susceptible d'engendrer des rivalités peu conformes à la dignité professionnelle.

Suivant l'expression de Loret, *il faut mettre le Gouvernement,* d'une façon absolue, *dans l'heureuse impuissance de céder aux sollicitations.*

Dans notre système donc, le jury ne pourra désigner qu'un seul candidat : le plus méritant, et c'est ce candidat qui devra être investi des fonctions notariales.

Tel est le système que nous proposons. Sans doute il écartera de la profession notariale bien des jeunes gens

____

(1) Demolombe. *Préface du cours de Code civil.*

qui s'y préparent aujourd'hui. Mais où sera le mal? La facilité avec laquelle on peut obtenir les titres qui permettent de solliciter une nomination a produit en Belgique une surabondance de candidats-notaires Pour beaucoup l'attente de cette nomination sera vaine. Leurs efforts, leurs travaux sont condamnés à la stérilité.

En entourant de garanties multiples l'admission au notariat, on ne permettra qu'à l'élite d'aspirer à ces fonctions si honorables et si lucratives.

La Belgique est une nation active, intelligente et aux fortes initiatives. A elle de donner aux autres peuples un exemple fécond! A elle d'expérimenter un système qui aurait pour résultat d'élever le notariat moderne à une hauteur qu'il n'a peut-être jamais connue, mais qu'il doit atteindre aujourd'hui, puisque jamais son rôle n'a été plus important.

18,043. — Bordeaux. Vᵉ Cadoret, impr., rue Montméjan, 17.

RED. :

18

379.89.70
graphicom

MIRE ISO N° 1
NF Z 43-007
AFNOR
Cedex 7 - 92080 PARIS-LA-DÉFENSE

0 1 2 3 4 5 6 7 8 9 10

BIBLIOTHEQUE NATIONALE

CHATEAU

de

SABLE

1994